I0142484

De Koptische Kerk

Vraag & Antwoord

Elham Khalil

Voor iedereen
die vragen heeft
over de Koptische kerk

Copyright © Elham Khalil, 2014
ISBN **978-94-90615-22-2**
2nd edition

All rights whatsoever in this book are strictly reserved. Application for quotation in any medium or for translation into any language should be addressed to the author.

First was published
De Koptische Kerk: Vraag en Antwoord
Elham Khalil
Kok Kampen 1992
Kok-111
ISBN 90-242-6896-6

www.copticmuseumonline.com
www.copticmuseum.nl
www.elhamkhalil.com
elhamkhalil3@gmail.com
elhamkhalil737@gmail.com

Elham Khalil was born in 1947, Asyut, Egypt, and lives since 1970 in the Netherlands. She studied English language and literature at Cairo University and got her Dorctoral degree in Anglo-Irish Drama from Amsterdam University in 1976. Obtained her PhD Social Sciences and International Communication from Amsterdam University in 1983.

Worked for years as senior broadcaster, producer, newsreader and reporter for the Dutch Foreign Broadcasting in Hilversum. Lived on and managed the family farm in the Dutch Veluwe countryside between 1978 and 2010.

Established and ran the Coptic Museum in Ruinerwold, between 2000 and 2006. Attended drama writing courses at Exeter College, Oxford University between 2004 and 2006.

Her love for stage started in her teens and she never stopped writing plays since then. Only at the end of 2009 it was possible to start reviewing her plays and other writings for publishing.

Elham Khalil has two daughters.

Also by Elham Khalil

Plays
Somebody's Aunt, Stealing The Sea
One Walking Wounded,
Wrinkles, The Missing Member
One Free Ticket, Smell In My Brain
Loosing My Face, The Womb
Coma Beach, Adoption Plan
Till Death Do Us Part

Historic Plays
Coptos

Short stories
Children Of The Mind
The Coin
The Third Child
The Listener
Not with a Bullet

Christian writings
I.Nspriation
My Bible
Sayings

In Dutch

De Eerste Kinderjaren van Jezus in Egypte

VOORWOORD

De Kopten (Egyptische christenen) zijn directe afstammelingen van de oude Egyptenaren die ten tijde van de Farao's leefden. De Koptische taal, die nog steeds in de liturgie gebruikt wordt, is de laatste taal die de Egyptenaren spraken voordat het Arabisch de voertaal werd in de zevende eeuw na Christus. De Koptische Kerk die bijna 2000 jaar oud is, werd in het jaar 61 A.D. door de apostel Markus in Alexandrië gesticht. Egypte heeft in de eerste eeuwen veel bijgedragen aan het christelijke geloof Hoewel de huidige Kopten hun oorspronkelijke taal hebben verloren en ze een minderheid in Egypte vormen ($\pm$15% van 61 miljoen), zijn ze er toch in geslaagd om hun kerkelijke en culturele erfenis door de eeuwen heen te behouden, ondanks veel tegenslagen. De laatste 30 jaar hebben de Kopten die geëmigreerd zijn, een paar honderd kerken, tientallen culturele centra en enige kloosters gesticht in de U.S.A., Canada, Australië en Europa.

Gedurende de laatste jaren heb ik een toename opgemerkt van de vragen die leven bij onze nieuwe leden, zowel bij de jongere generatie, als

6

bij volwassenen die tot onze kerk toetreden.
Eenvoudige en fundamentele vragen zoals: Wat is Koptisch? Wat is de ``School van Alexandrië"? Wie heeft de liturgie geschreven? Wie is St.-Antonius? Wat is de Koptische taal en kalender, wat zijn de belangrijkste verschillen tussen de Koptische Kerk enerzijds en de Katholieke en Protestantse Kerk anderzijds?

Dit beknopte boekje probeert een antwoord te geven op meer dan honderd van dit soort vragen, onderverdeeld in een vijftal categorieën. Ik heb de voorkeur gegeven aan de vraag-antwoordvorm, omdat dat een alledaagse vorm is om informatie te verkrijgen. Ik heb mij beperkt tot de feiten, zonder een voorkeur uit te spreken, zodat het boek kan worden gebruikt als naslagwerk. Dit boek is vanuit een Koptisch oogpunt geschreven; namelijk: hoe een Kopt zijn geloof en traditie ervaart.

Het aantal te stellen vragen is onbeperkt, maar ik hoop dat voor dit ogenblik dit kleine boekje voorziet in de informatiebehoefte van hen die daarom vragen en dat het anderen die meer willen weten, aanmoedigt zich verder te verdiepen.

INLEIDING

De Egyptenaren waren het eerste volk in de geschiedenis, dat niet in een traditioneel stamverband leefde, maar dat een natie stichtte, die het symbool vormde van de hoop van de mensen. Hun cultuur was gebaseerd op kracht, veiligheid en duurzaamheid door eenheid van regering, godsdienst en cultuur en heeft gedurende ruim 3000 jaar standgehouden.

De Egyptenaren waren de eersten die geloofden in een voortbestaan na de dood. Het tijdsbesef van de Egyptenaren was enerzijds gebaseerd op dagelijkse observatie van de zon en anderzijds op de jaarlijkse cyclus van de Nijl, als kenmerkende elementen van het dagelijks leven. De zon kwam op vanuit het oosten en ging onder in het westen en de rivier vloeide van zuid naar noord; beide tezamen vormden de klok van het bestaan voor de Egyptenaren.

De Egyptenaren waren ook het eerste volk dat in de goddelijke krachten een symbool van het goede zag, waarvoor de mensen geen angstige gevoelens behoefden te hebben, maar waarvoor zij dankbaar moesten zijn. In tegenstelling tot de

Mesopotamische en vroeg-Griekse cultuur was het concept van de dood niet angstaanjagend en ellendig. De Egyptenaren hadden een absolute en fundamentele opvatting dat de dood een hoger, gelukkiger en eeuwig bestaan was.

De Egyptenaren hadden een sterke drang al hun creatieve vermogens in dienst te stellen van de goden; daarom bestond er ook geen wereldlijke kunst, maar kunst, tijdrekening, filosofie, geneeskunst en astrologie dienden in de eerste plaats een religieus doel. De godsdienst was dan ook geen reactie op de vooruitgang van de Egyptische beschaving, maar vormde juist een stimulans en een impuls daarvoor.

Toen het Christendom Egypte bereikte, was het volk bereid de nieuwe godsdienst te aanvaarden. Bij het eind van de 18e dynastie (1567-1320 voor Christus) was het geloof in één God, het monotheïsme reeds aanvaard als de officiële staatsgodsdienst:

``Eén God, maker van al wat is,
de enige, die al het bestaande heeft geschapen,
uit wiens ogen de mensheid is voortgekomen**

en uit wiens mond de goden tot leven komen.
Heil aan hem, die dit alles verrichtte
één ziel, met vele handen,
schepper van de gehele mensheid en alles wat
bestaat."
(Een hymne voor Aman-Ra. Papyrus Caïro
Museum)

De Egyptenaren waren de eersten die beschreven dat de ``logos", het woord van God, in iedere menselijke ziel doorklinkt.

De Egyptenaren in de oudheid kenden ook reeds het verschijnsel van de maagdelijke geboorte en een soort heilige drievuldigheid (Osiris, Isis en Horus). Osiris was een mens die tot God geworden was en hoewel hij door de duivel werd verslagen, heeft hij deze toch door de wederopstanding overwonnen. Het dopen met water was ook in de oude religie reeds bekend en het Egyptische Kruis ``Ankh", dat later ook symbool voor het Egyptische Christendom werd, symboliseerde het eeuwig leven en dit kruis werd op afbeeldingen door de goden uit de oude religie in de hand gehouden. Ook in de rituelen van Isis en Osiris bestonden reeds vastenperiodes, waarin geen vis, vlees en wijn werd gebruikt.

De Egyptenaren waren de eersten die geloofden dat de mens naar Gods beeld was geschapen en daarom wordt de Egyptische kunst gekenmerkt door zelfvertrouwen en heeft zij een magistraal en tijdloos karakter.

De periode van het ontstaan van het Oude Testament is sterk geïnspireerd door de invloed van de Egyptische cultuur, evenals Mozes en het tijdperk van de regering van Salomo. ``En Mozes werd onderwezen in alle wijsheid der Egyptenaren en was machtig in zijn woorden en werken'' (Handelingen 7:22). De belangrijkste dogma's van het Christendom over de natuur van Christus, het bestaan vóór de Schepping van Christus en de Heilige Drieëenheid vinden hun oorsprong bij de geleerden van Alexandrië.

In vroeger tijden bestond een piramidestad uit een complete gemeenschap van priesters, werklieden en ambachtslieden die achterbleven aan de rand van het Nijldal voor de verzorging van tuinen en boerderijen. Deze piramidesteden vormden het prototype voor de latere Christelijke kloosters, de in de derde eeuw werden gesticht aan de rand van de woestijn. De gedachte dat de Koning leeft als een herder, temidden van zijn kudde, heeft het

Middelste Rijk beheerst en is later overgenomen in het Oude Testament en in de Christelijke symboliek.

De Egyptenaren zagen het ``Laatste Oordeel" niet als iets wat werd bepaald door een wet, maar als een afweging door geestelijke wijsheid. Daarom besteedde een Egyptenaar zijn volwassen jaren aan het zich voorbereiden op de eeuwigheid; ongeveer zoals nu verzekeringsmaatschappijen ons proberen over te halen tot voorbereiding op het pensioen.

Het behoeft dan ook geen verwondering te wekken dat Herodotus reeds in de vijfde eeuw voor Christus zei dat het Egyptische volk het meest gelovige volk ter wereld is.

INHOUD

DEEL 1

Geeft antwoord op de vragen over het bezoek van de Heilige Familie aan Egypte; de stichting van de Koptische Kerk in Egypte; de School van Alexandrië en haar geleerden.

- Wanneer bezocht Jezus Egypte? Op welke plaatsen verbleef de Heilige Familie? Hoe reisden zij? Hoe lang zijn zij in Egypte verbleven en waarom is dat van belang voor de verspreiding van het Christelijk geloof in Egypte?
- Wat betekent het woord ``Koptisch"?
- Hoe is de Koptische Kerk in Egypte ontstaan?
- Door wie en wanneer werd de Koptische Kerk gesticht?
- Wat is de betekenis van het woord ``Paus"? Door wie werd het woord voor het eerst gebruikt en waar komt het vandaan? Wat wordt verstaan onder ``de zetel Alexandrië"?
- Wanneer werd Alexandrië gesticht?
- Wie regeerde over Egypte in de tijd dat Sint-Marcus Alexandrië bezocht (circa 61 A.D.)?
- Wie waren de bewoners van Egypte en Alexandrië in de tijd waarin de Koptische Kerk

werd gesticht? Welke godsdienst beleed het volk van Egypte en welke taal werd door de bewoners van Egypte gesproken en geschreven in die tijd?

- Wat wordt verstaan onder de ``School van Alexandrië"?

- Wie schreef het Eerste Evangelie?

DEEL 2

Geeft antwoord op de vragen die samenhangen met de oorsprong van het kloosterleven en de religieuze ordes, heiligen en kloosters.

- Wat is het kloosterleven? Wie is Sint-Antonius en welke verschillende richtingen in het kloosterleven zijn er?
- Was de Koptische Kerk ook een zendingskerk?
- Welke zijn de belangrijkste kloosters in Egypte nu?
- Wat zijn de algemene kenmerken van de Koptische kloosters?
- Hoe verliep het dagelijks leven van de monniken in een Koptisch klooster?
    - Welke zijn de belangrijkste oude kerken in Caïro?

DEEL 3

Geeft antwoord op de vragen over de Koptische levenswijze:
liturgieën, Koptische taal en kalender, muziek, vasten en feesten.

- Door wie werd de geloofsbelijdenis geschreven? Wanneer en waar en hoe luidt de tekst ervan?
- Door wie en wanneer werd de eerste Koptische liturgie geschreven? Door wie werden andere liturgieën geschreven? Welke verschillen zijn er en in welke taal werden zij oorspronkelijk geschreven?
- Uit welke belangrijke onderdelen bestaat de eredienst?
- Wat wordt verstaan onder de Schriftlezingen?
- Wanneer kan iemand in de Koptisch Kerk deelnemen aan de Communie?
- Waarom wordt in de Koptische Kerk, bij het ontvangen van het lichaam van Christus, de mond afgedekt met een doek?
- Waarom bedekken vrouwen in de Koptische Kerk het hoofd?
- Waar komt de muziek die in de Koptische Kerk wordt gebruikt oorspronkelijk vandaan?
- Waar komt de Koptische taal vandaan? Is er ook

16

literatuur en in welke taal werd voor het eerst de Bijbel in haar huidige vorm - Oude en Nieuwe Testament bekend?

- Wat is de Koptische kalender? Wanneer is de Koptische jaartelling begonnen en welke zijn de Koptische maanden?

- Welke vastenperioden kent de Koptische Kerk?

-   Welke Koptische feest dagen zijn er?

DEEL 4

Geeft antwoord op vragen over de kerk als bouwwerk, de indeling, altaar en onderwerpen, ikonenwand, kunst en symbolen.

- Welke bouwkundige kenmerken heeft een Koptische Kerk en welke belangrijke delen zijn er in de kerk?
- Wat wordt bedoeld met het allerheiligste en het altaar?
- Van welk materiaal is het altaar gemaakt?
- Welke verschillen in vorm zijn er tussen een Koptisch altaar en een altaar in een Rooms-Katholieke Kerk?
- Wanneer wordt een altaar in de Koptische Kerk beschouwd als ingewijd?
- Welke soorten kleden worden in de Koptische Kerk gebruikt om het altaar af te dekken?
- Welke heilige voorwerpen bevinden zich op het altaar bij de voorbereiding van de communie?
- De ruimte voor de diakenen.
- De ruimte voor de gelovigen.
- Wat wordt verstaan onder de ikonenwand?
- Wat is de betekenis van een icoon en welke kenmerken onderscheiden Egyptische iconen?
- Waaruit komt de traditie in de Koptische Kerk

voort om de iconen te kussen, te knielen voor de iconen en het bewieroken van de iconen?

- Wat is kenmerkend voor de Koptische kunst en welke aspecten komen daarin het meest naar voren?

- Welke dier- en vogelfiguren komen steeds terug in de Koptische kunst?

- Welke invloed heeft de Koptische kunst gehad op de kunst in het buitenland?

DEEL 5

Vertelt over de belangrijkste verschillen tussen de Koptische Kerk ten opzichte van de Katholieke en de Protestantse Kerk.

- Wat zijn de belangrijkste verschillen tussen de Koptische Kerk en de Rooms-Katholieke Kerk?
- Wat zijn de belangrijkste verschillen tussen de Koptische Kerk en de Protestantse Kerk?

DEEL 1

``De Godsspraak over Egypte. Zie, de Here rijdt op een snelle wolk en komt naar Egypte, dan beven de afgoden van Egypte voor Hem en het hart van Egypte versmelt in zijn binnenste" (Jesaja 19:1).

Wanneer bezocht Jezus Egypte? Op welke plaatsen verbleef de Heilige Familie? Hoe reisden zij? Hoe lang hebben zij in Egypte verbleven en waarom is dat van belang voor de verspreiding van het Christelijk geloof in Egypte?

a. In de Nijldelta en Wadi-el-Natroun
Zoals ook in het Evangelie is beschreven kreeg Jozef een droom om samen met het kind Jezus en zijn moeder naar Egypte te vluchten. Zij reisden naar Egypte door het noordelijk deel van de Sinaï, langs de Middellandse Zee.
Ze passeerden daarbij El-Farma en Tal Basta, dichtbij El Zakazik. De historie vermeldt dat, waar zij ook met het kind Jezus langskwamen, alle heidense beelden neerstortten. De priesters van de tempels verdreven daarom de Heilige Familie steeds van de ene plek naar de andere. Bij Tal Basta ligt een plaats, die Mahma heet, omdat

Maria daar Jezus heeft gewassen en zijn kleren gereinigd.

Van Mahma ging de reis verder naar Belbees. Daar staat nu nog een Boom van Maria; in de tijd van Napoleon probeerden soldaten deze boom om te hakken. De boom begon te bloeden. Van Belbees ging de Heilige Familie naar Meniet Ganah en Miet Samanoud (nu: Samanoud), El Borolus en El Mahalla. Zij staken de Nijl over, kwamen op de westoever en bleven enige tijd in Saga, een buitenwijk van Kafr el Sheikh. Daarna ging de reis verder langs Wadi-el-Natroun, waar later duizenden monniken en bijna vijftig kloosters in de regio zouden komen.

De Heilige Reis

b. El Mataria en Babylon
Na veel moeite bereikte de Heilige Familie El Mataria, nu een buitenwijk van Caïro. In El Mataria is een boom bewaard gebleven waaronder de Heilige Familie heeft gerust: de Boom van Maria. Volgens de historie ontsprong op die plaats een waterbron. Jezus dronk van het water en Maria waste de kleren van Jezus. Op de plaats waar Maria het afvalwater weggooide, kwam een

balsamplant op, die tot op heden bij de wijding van het doopwater en bij de inwijding van kerken wordt gebruikt.

Zij reisden verder naar Babylon en verbleven daar in een grot, die later werd omgebouwd tot een kerk, die Abou Cerga heet. Zij moesten daar weer snel vertrekken en reisden met een kleine boot over de Nijl tot El Maadi.

c. Het zuiden van Egypte

Zij reisden over de Nijl verder naar El Bahnasa en Bani Mazar, gingen op de oostoever aan wal en verbleven in Gabal El Teir, ook wel genoemd Gabal El Kaf (berg van de palm). De geschiedenis vermeldt dat Jezus daar met de palm van zijn hand het neerstorten van een rotsblok verhinderde. In die plaats heeft Koningin Helena, de moeder van Constantijn, later een kerk gesticht.

Van Gabal El Teir ging de reis verder naar de stad El Ashmonein bij Malawy. Zij passeerden Dairout en kwamen bij Oud Kousia, dat toen Koskam heette. Zij werden daar door de bevolking slecht behandeld en daarom vluchtten zij verder tot Meir en de berg Koskam, waar nu het beroemde Deir El Mouharrak (het Heilige-Mariaklooster) staat. Deze plaats ligt 48 kilometer ten noorden van

Assiut en 327 kilometer ten zuiden van Caïro. Het is het grootste klooster in het gehele Midden-Oosten. In de eerste eeuwen van het Christendom gingen vanuit dit klooster veel monniken naar Europa en Ierland.

De kleine Heilige-Mariakerk ligt ten westen van het klooster en het is de oorspronkelijke ruimte die door de heilige Jozef werd gebouwd, bedekt met palmbladeren, om te schuilen. Het is de oudste kerk in Egypte. Het klooster zelf is gesticht door Anba Pakhoum in de vierde eeuw. Volgens de door Paus Theophilus (de 23e Paus, van 376-403 A.D.) opgetekende geschiedschrijving verbleven zij daar gedurende zes maanden en enkele dagen. Dit was de meest zuidelijke plaats in Egypte die zij bereikten, voordat zij de terugreis naar het Heilige Land aanvaardden. Volgens de overlevering heeft Maria in een droom aan Paus Theophilus gezegd dat in de kleine Heilige-Mariakerk een altaar is dat door Jezus zelf is ingewijd. Volgens de Koptische traditie zijn op alle plaatsen die de Heilige Familie heeft bezocht, later kloosters of kerken gebouwd. Aangenomen wordt dat de Heilige Familie circa drie jaar in Egypte is verbleven.

Wat betekent het woord ``Koptisch"?

Het woord ``Egypte" stamt af van het Griekse ``Aiguptos", dat oorspronkelijk komt van de Egyptische uitdrukking Hi-Ku-Ptah, hetgeen letterlijk betekent ``het huis van de ziel van (de god) Ptah" Ptah was de plaatselijke god van de stad Memphis en de naam Hi-Ku-Ptah was een alternatieve aanduiding voor de stad Memphis. De Egyptenaren hebben deze naam nooit gebruikt als een aanduiding voor het gehele land, maar de Grieken wel, omdat Memphis de meest representatieve stad in de regio was. Het woord ``Kopt" is afgeleid van het Griekse Aiguptos (Egypte). De Islamitische indringers, (641 A.D.), gebruikten het woord Kopt als aanduiding van de oorspronkelijke bewoners van Egypte, die voornamelijk Christenen waren en die de oude taal van Egypte gebruikten. Tegenwoordig wordt het woord Koptisch ook gebruikt om de laatste overblijfselen van de oude Egyptische taal, schrift, grammatica, literatuur en kunstvormen aan te duiden. In deze laatste betekenis gaat het dus niet om een exclusief met het Christelijk geloof verbonden uitdrukking.

Hoe is de Koptische Kerk in Egypte ontstaan?

De apostel Sint-Marcus heeft de Koptische Kerk in Egypte gesticht. Hij werd geboren in Cyrene (El Kayrawan in het Arabisch) als een zoon van gelovige Joodse ouders. Sint-Marcus was één van de zeventig door Christus uitverkorenen en werd door Christus aangewezen als de man in wiens huis het Paaslam werd gegeten. Na de kruisiging van Jezus werd dit huis tot een ontmoetingsplaats voor de Apostelen. Een hoger gelegen kamer van dit huis was de plaats waar volgens overlevering de Heilige Geest neerdaalde over hen die zich daar op pinksterzondag hadden verzameld en dit wordt beschouwd als de eerste Christelijke kerk. Toen Sint-Marcus omstreeks het jaar 61 Alexandrië bezocht, ging hij naar de schoenmaker om zijn sandaal te laten repareren. Terwijl de schoenmaker aan het werk was prikte hij met de els in zijn hand, hief deze op en riep uit: ``O, één God!'' De apostel nam wat klei, bevochtigde dit met zijn speeksel en bedekte daarmee de wond, die terstond genas. Hij sprak met de schoenmaker over God en zijn Zoon Jezus Christus en bekeerde de schoenmaker en diens gezinsleden.

Door wie en wanneer werd de Koptische Kerk gesticht?

Sint-Marcus is de stichter van de Koptische Kerk. Zijn opvolger, de eerste Patriarch die door de apostel zelf werd aangewezen, was Anianus, de schoenmaker. Sindsdien zijn er in een ononderbroken lijn Patriarchen geweest tot op de dag van vandaag. De tegenwoordige Patriarch, Shenouda III, is gewijd op 12 november 1971 en is de honderd zeventiende Patriarch van de zetel Alexandria. Het huis van Anianus in Alexandrië wordt beschouwd als de eerste kerk in Egypte. Toen Sint-Marcus terugkeerde naar Egypte, ontdekte hij dat Anianus en zijn gelovigen een kerk en een tehuis voor de armen nabij de kust hadden gebouwd.

Wat is de betekenis van het woord ``Paus'' Door wie werd het woord voor het eerst gebruikt en waar komt het vandaan? Wat wordt verstaan onder ``de zetel Alexandrië''?

De opvolgers van Sint-Marcus waren de eersten die het recht verkregen de titel ``Paus'' te voeren, hetgeen betekent: ``vader der vaderen'' Deze betekenis kan worden afgeleid uit oude

27

geschriften. Het meest overtuigende bewijs is terug te vinden in de Heilige Liturgie, die ons is nagelaten door Sint-Marcus zelf en die is neergeschreven door Anba Kyrolos. Het woord is waarschijnlijk ontleend aan het Koptische woord Pi-apa of Pi-abba. De officiële betiteling van het hoofd van de Koptische Kerk is ``Paus en Patriarch van de grote stad Alexandrië en geheel Egypte, het Midden-Oosten, Ethiopië, Nubië en Pentapolis''.

Wanneer werd Alexandrië gesticht?

Alexandrië werd gebouwd toen Alexander de Grote Egypte binnentrok in het jaar 332 voor Christus. Daarmee kwam een einde aan de regering van de Farao's en Egypte werd een deel van het Griekse Rijk. Toen Alexander de Grote in het jaar 323 voor Christus stierf werd het Rijk opgedeeld door zijn generaals en Egypte viel in handen van Ptolemaeus. Egypte werd door Ptolemaeus en zijn nazaten geregeerd tot de dood van Cleopatra op 12 augustus in het jaar 30 voor Christus. Egypte was in die dagen het meest welvarende land en politiek en cultureel het machtigste land, dat in het jaar 30 voor Christus onder de invloed van de Romeinen geraakte.

Wie regeerde over Egypte in de tijd dat Sint-Marcus Alexandrië bezocht (circa 61 A.D.)?

Op 31 augustus van het jaar 30 voor Christus, de eerste dag van het Egyptische nieuwe jaar, schreef de Romeinse keizer Augustus: ``Ik heb Egypte toegevoegd aan het Rijk van het Romeinse volk.'' Deze woorden werden geplaatst op het voetstuk van een beeld van Apollo, dat werd opgericht in Alexandrië om de Romeinse overwinning te gedenken. Voor een periode van meer dan 350 jaar, tot aan de stichting van Constantinopel (thans Istanbul), was de voornaamste rol van Egypte in het Romeinse Rijk, die van leverancier van graan voor de voeding van de bevolking van de stad Rome.

Wie waren de bewoners van Egypte en Alexandrië in de tijd waarin de Koptische Kerk werd gesticht? Welke godsdienst beleed het volk van Egypte en welke taal werd door de bewoners van Egypte gesproken en geschreven in die tijd?

In die dagen woonden in Egypte hoofdzakelijk drie verschillende groepen: de Egyptenaren en de

Grieken die de meerderheid van de bevolking vormden en een groep minderheden, die voornamelijk in de steden, vooral in Alexandrië, woonden. Daaronder waren Joden en Romeinse veroveraars. De god van de Grieken was Serapis, de god van de Romeinen was Apollo en de Egyptenaren hadden hun oude goden, zoals Amon, Horus en Isis.

Alexandrië was in die dagen een machtige stad met imposante gebouwen en tempels, bibliotheken, musea, scholen, winkels en grote markten. Hebreeuws, Grieks en Oud-Egyptisch waren algemeen in Alexandrië; op het platteland werd in hoofdzaak Oud-Egyptisch gesproken.

Wat wordt verstaan onder de ``School van Alexandrië''?

De ``School van Alexandrië'' is gesticht door Sint-Marcus om te voldoen aan de theologische behoefte. In de ``School van Alexandrië'' drong voor het eerst het bewustzijn door dat onderwijs belangrijk is voor het geloof en voor de Christelijke traditie. Het onderwijsniveau was vergelijkbaar met het hedendaagse universitaire niveau. De onderwijsmethode berustte op ``vraag en antwoord'' De eerste patriarchen werden gekozen uit de professoren en afgestudeerden van de School van Alexandrië, zoals Alexandros (19e paus van 303-326); Athanasius de Apostel (20e paus); Anba Timotheüs (22e paus van 378-384); Anba Kyrolos, de zuil van het geloof (24e paus van 412-443) en Anba Dioscorus (25e paus van 444-456). Uitgangspunt van de School van Alexandrië was de gelijkheid van klasse, ras en sekse en heeft niet alleen het religieuze onderzoek gestimuleerd, maar ook het niet-religieuze. De School van Alexandrië heeft door haar missie een grote betekenis gehad voor de verbreiding van het geloof. De studie stond ook open voor mensen uit andere landen en velen van hen zijn kerkelijke leiders en bisschoppen in hun eigen land geworden, zoals: Gregory Theologoe (329-389); Sint-Basilius de Grote (330-379); Sint-Chrysostom (347-407); Sint-Hiëronymus (342-420) en de historicus Rufinus (345-410). Didymus was in 395 deken van de school; hij was blind en ontwikkelde een methode om blinden te laten leren, 1500 jaar vóór de uitvinding van het brailleschrift. Tijdens het leven van de beroemdste geleerden van de School van Alexandrië, Clement en Origen, heeft de school haar grootste bloei gekend. Clement (160-215) was de opvolger van Panthaenus, als hoofd van de school. Zijn geschriften waren vooral een aanval op het heidense geloof en de filosofie van de Grieken en richtten zich vooral op de geleerden en intelligentsia van zijn tijd. Van zijn opvolger, Origen, geboren in het jaar 185, wiens vader was gemarteld tijdens de regering van Septimius Leonides in 202, heeft veel van zijn werk ons bereikt via de geschriften van bisschop Basilius van Cappadocië en Sint-Gregorius Nazianzus in het Grieks, en via Hilary van Poitiers, Ambrose van Milaan, Hiëronymus en Rufinus in het Latijn.

Wie schreef het Eerste Evangelie?

Uit de kerkelijke traditie en uit hedendaags wetenschappelijk onderzoek is gebleken dat Sint-Marcus het Eerste Evangelie schreef. De geleerden zijn het er niet over eens of dat in Egypte of in Rome plaatsvond, maar het is vrijwel zeker dat dit plaatsvond tussen het jaar 60 en 64 na Christus, tijdens het leven van Sint-Petrus, de apostel. Het Evangelie van Marcus heeft vooral een beschrijvend en niet een belerend karakter. Het beschrijft gevoelens, details en wondere daden van Jezus Christus. Het concentreert zich op de figuur van Jezus en het Koninkrijk Gods en het is het kortste evangelie. Het werd oorspronkelijk geschreven in de Griekse spreektaal, die in die dagen gebruikelijk was.

DEEL 2

``Te dien dage zal er een altaar voor de Here zijn midden in het land Egypte en aan zijn grens een opgerichte steen voor de Here (Jesaja 19:19)"

Wat is het kloosterleven? Wie is Sint-Antonius en welke verschillende richtingen in het kloosterleven zijn er?

De kloosterorde van Sint-Antonius

De eerste kluizenaar, die zich in volledige isolatie terugtrok in de woestijn, was Sint-Paul. Hij werd in 150 A.D. als zoon van rijke ouders geboren die hij allebei verloor toen hij 16 jaar oud was. Hij kreeg onderwijs in het Christendom en groeide op in een gemengde Grieks-Egyptische cultuur. Toen zijn zwager hem wilde uitleveren aan de Romeinse autoriteiten, besloot hij alles wat hij bezat achter te laten en zich terug te trekken van de wereld. Dit feit werd pas circa negentig jaar later bekend gemaakt door Sint-Antonius. Sint-Antonius was de eerste christen die zijn leven in afzondering doorbracht en die door zijn levenswijze veel navolgers kreeg. Hij kreeg daardoor de titel ``Vader der Monniken" en ``Ster van de woestijn".

Zijn levensverhaal is opgetekend door Anba Athanasius, die zijn discipel was. Antonius werd geboren circa 250 A.D. als kind van rijke ouders, die echter overleden voordat hij de leeftijd van twintIg jaar bereikte. Op een zondag kwam Antonius in de kerk en hoorde het evangelie van Mattëus 19:21 ``Indien gij volmaakt wilt zijn, ga heen, verkoop uw bezit en geef het aan de armen en gij zult een schat in de hemelen hebben en kom hier, volg Mij." Hij gehoorzaamde hieraan letterlijk, gaf al zijn bezittingen weg en gaf zijn enige zuster opdracht om te gaan wonen bij vrouwen in één van de kerken. Later werd de plaats waar hij zich had teruggetrokken ontdekt en de mensen begonnen hem te bezoeken. Daardoor heeft zijn invloed zich uitgestrekt ver voorbij het einde van zijn leven en de kerk overal ter wereld vereert hem als een van de grote heiligen. Dertig jaar na zijn dood werd zijn biografie ontdekt in een huis in Trier in Duitsland waar enkele monniken leefden. Op een dag tijdens een jachtpartij van keizer Constantijn de Jongere lazen vier van zijn soldaten de biografie; twee van hen verkozen het leven als monnik boven het paleisleven. Zij stichtten het eerste en oudste klooster in Europa. In hetzelfde jaar tegen het einde van de zomer, veranderde dezelfde biografie het leven van nóg een man, die later een van de grootste heiligen zou worden: Sint-Augustinus. Antonius heeft voor zijn discipelen de regel vastgesteld dat ieder in een aparte kluis moest leven, maar wel zó dicht bij elkaar, dat de monniken op zaterdagavond bij elkaar konden komen en op zondag gezamenlijk de heilige mis konden bijwonen. Daarna ving het leven in afzondering weer aan tot de volgende zaterdag. Sint-Antonius kreeg een visioen van een engel, die hem de kleding en de hoofddoek van de monniken toonde, met 6 kruisen aan elke kant en één kruis in het midden. De levenswijze werd bekend als het ``Antoniaans kloosterleven".

Werken was verplicht voor de monniken omdat in de ogen van Antonius een monnik niet lui of een parasiet mocht zijn. Iedere monnik moest, naast spontaan bidden, bepaalde psalmen en passages uit het Nieuwe Testament kunnen voordragen.

De kloosterorde van Pakhoum

De tweede belangrijke kloosterorde is de Pakhoumian orde. Pakhoum werd geboren in het zuiden van Egypte als kind van heidense ouders ongeveer in 290 A.D. Hij was soldaat in het leger van keizer Constantijn. Tijdens één van de veldtochten kwam hij zeer onder de indruk van de barmhartigheid van de Christelijke dorpelingen die hem hielpen en hij legde een belofte af, dat hij, als hij levend uit de oorlog weerkeerde, zich zou bekeren tot het Christendom. Hij hield zijn belofte.

Na een geestelijke training gedurende drie jaar onder de leiding van Vader Palamoun, ook een kluizenaar, kreeg hij een visioen, waarin een engel aan hem vroeg alle kluizenaars samen te brengen. Van deze engel ontving hij instructies en leefregels voor de monniken. Deze regels zijn door Pakhoum eigenhandig op schrift gesteld. Persoonlijke vrijheid was het sleutelwoord. De vrijheid van keuze om te vasten of niet te vasten is daarvan een voorbeeld. Zijn methode onderstreepte zijn psychologisch inzicht in de mens. Hij verdeelde de monniken op grond van hun persoonlijke karaktereigenschappen en capaciteiten in 24 verschillende klassen, aangeduid met de letters van het Griekse alfabet, en organiseerde nagenoeg alle facetten van hun leven om een kloostergemeenschap tot stand te brengen. Aan het hoofd van ieder klooster stond een abt en de kloosters waren sterk centralistisch georganiseerd. Tijdens zijn leven heeft Pakhoum negen kloosters voor monniken en één klooster voor nonnen gesticht. Ook de leefregels die voor de verschillende kloosters voor monniken en nonnen bestonden, werden door hem vastgelegd. Steeds verbleven drie monniken tezamen in één kluis, zij sliepen in een kleed zonder mouwen en met het hoofd op een verhoging. De maaltijd werd gezamenlijk in één zaal gebruikt; het hoofd werd daarbij afgedekt met een doek, zodat niet naar rechts of naar links kon worden gekeken.

De regels van Pakhoum kregen bekendheid door Anba Athanasius, die twee perioden van ballingschap doorbracht in Duitsland en in Rome. De regels van Pakhoum werden ook vertaald van het Grieks in het Latijn door Sint-Hiëronymus in het jaar 404 A.D. en werden bekend in Itali. Ook Sint-Jan Cassianus heeft een boek in vier delen gepubliceerd over het leven van de Egyptische Vaders, en hun regels. Hij heeft geprobeerd deze regels ook in de praktijk te brengen in zijn kloosters in het zuiden van Frankrijk. Ook Dionysius Erigenus, een monnik die overleed in 556 A.D., heeft de regels en het levensverhaal van Pakhoum vertaald. Door dit alles is de invloed van Pakhoum in Europa sterk in belang toegenomen en de kloosters in Europa hadden regelmatig en rechtstreeks contact met de Koptische Kerk in Egypte. De eerste monniken in Ierland bouwden hun kleine kerken volgens de Egyptische principes. In de eerste eeuwen waren de Ierse monniken erg actief en zij verbreidden het Woord en de regels voor het kloosterleven in het westen van Brittannië, Noord-Frankrijk, Zwitserland, Zuid-Duitsland en Italië.

De belangrijkste invloed van Pakhoum is te zien bij de orde van de Benedictijnen. De Italiaanse Sint-Benedictus heeft de regels van Pakhoum letterlijk overgenomen, ook wat betreft gehoorzaamheid en arbeid. Sint-Benedictus genoot groot aanzien en was erg geliefd bij de Latijnen en als gevolg daarvan heeft de orde van Pakhoum zich snel verspreid over Europa.

Anba Shenouda van Igmim en zijn kloosters

Anba Shenouda werd geboren uit Christelijke ouders in het jaar 343 in een dorpje dicht bij Igmim, in het zuiden van Egypte. Hij heeft tot zijn negende jaar als herder gewerkt en werd daarna monnik in het Rode Klooster dat onder leiding van zijn oom Pijol stond. Hij koos voor een leven van afzondering als kluizenaar en volgde zijn oom op als hoofd van het Witte Klooster. Onder zijn leiding nam het aantal monniken toe tot 4000. 1800 daarvan in het Rode Klooster, de rest in het Witte Klooster. Bovendien stonden 1800 nonnen onder zijn gezag, aan wie hij verschillende brieven heeft geschreven. De kluizenaars moesten vier keer per jaar naar de kerk om de Heilige Communie te ontvangen. Shenouda was een van de begeleiders van Abba Kyrolos naar het Concilie van Ephesus in 431. Hij leefde in een woelige tijd, waarin het heidendom in Egypte tot een einde kwam en het Egyptische nationaal bewustzijn ontstond als reactie op de Byzantijnse invloed en de Hellenistische cultuur. Hoewel Shenouda had gekozen voor een leven van afzondering, was hij sterk begaan met het lot van de eenvoudige mensen. Hij gebruikte zijn talenten als redenaar en als schrijver om de mensen te beïnvloeden en gebruikte daarbij het Sa'dic-dialect van boven-Egypte. Dankzij Shenouda is dit dialect geworden tot de literaire taal. Hij heeft de Egyptische denkwereld losgemaakt van de Byzantijnse invloeden en is daardoor een waardig vertegenwoordiger van de geest van de Farao's. Shenouda heeft zich met woord en geschrift jarenlang gekeerd tegen de heidense opvattingen, die voornamelijk van de Grieken in Egypte afkomstig waren en tegen de onrechtvaardigheid van de Romeinse onderdrukking van de Egyptenaren. Shenouda en zijn monniken hebben een grote steun betekend voor het Egyptische volk bij de herhaalde aanvallen van de barbaren en tijdens epidemieën en hongersnood. Daarmee is Shenouda een van de meest pregnante figuren uit de eerste eeuwen van het Christendom en hij wordt dan ook beschouwd als de grondlegger van het Koptische Christendom. Het leven van Shenouda in het Witte Klooster kan worden vergeleken met het leven van de profeet Elia op de berg El Karmel; geïnspireerd en gesterkt door God.

Shenouda beschouwde het Pakhoumsysteem als te gemakkelijk. Hij behield de gemeenschap als basis voor de levensstijl, maar verwierp alle Byzantijnse elementen. Hij legde in zijn systeem de nadruk op het leven in afzondering en gelijkheid in het patroon van de maaltijden en de kleding. De monniken brachten hun tijd niet alleen door met bidden en slapen, maar vooral met arbeid. In de Pakhoumkloosters mochten ook niet Egyptische monniken, zoals Byzantijnen, Romeinen, monniken uit Palestina, Libië, Afrika en Syrië toetreden. In de Shenouda-kloosters mochten alleen Egyptische monniken toetreden. De kerken van de kloosters van Pakhoum waren alléén bestemd voor de monniken; bij Shenouda waren de kerken van de kloosters opengesteld voor het gehele Egyptische volk op zon- en feestdagen en voor de prediking.

In de negentiende eeuw zijn veel van de boeken van Shenouda in het Witte Klooster teruggevonden. Deze bevinden zich thans in verschillende musea in Londen en Parijs. Tot op de dag van vandaag is het gebruikelijk dat vijf van de lezingen van Shenouda tijdens de Lijdensweek worden gelezen in de Koptische Kerk. De geschriften van Shenouda zijn door verschillende westerse geleerden bestudeerd, zoals: Amélineau, Ladeuze, Revillout, Crum en Leipoldt. Het onderzoek van de geschriften van Shenouda duurt nog steeds voort en is erg belangrijk, omdat het de voor het Christendom belangrijkste periode van de 4e en 5e eeuw beschrijft. Shenouda overleed op de hoge leeftijd van 118 jaar.

Was de Koptische Kerk ook een zendingskerk?

De Kopten waren de eerste Christenen die

zendingswerk verrichtten in Libië, Nubië, Soedan, Ethiopië, Eritrea, India, Arabië, België, Zwitserland, Ierland en Duitsland. Zij waren vooral actief in de derde en vierde eeuw. Hun doel was niet de vestiging van Koptische Kerken in het buitenland, maar de verbreiding van het Christendom.

Dat hing ook samen met het feit dat in het Romeinse Rijk voortdurend bataljons soldaten van het ene deel van het Romeinse Rijk naar het andere deel werden verplaatst. Daardoor zijn in de tweede en derde eeuw veel Kopten, die immers ook tot het Romeinse Rijk behoorden, op verschillende plaatsen in Europa terechtgekomen en hebben daar het woord van God verspreid. De Romeinse autoriteiten konden de opvattingen van de soldaten over liefde, vrede, vergeving niet erg appreciëren en veel van de soldaten hebben hiervoor hun leven geofferd, zoals de drie heiligen van Zürich, aan wie nu een grote kathedraal is gewijd en ook St.-Moritz en zijn zuster Warina ondergingen dit lot in Zwitserland. Omdat de zuster van St.-Moritz grote betekenis had voor de persoonlijke hygiëne van de mensen, wordt zij traditioneel afgebeeld met een kam met fijne tanden en een waterkan in haar hand.

Welke zijn de belangrijkste kloosters in Egypte nu?

Kloosters bij de Rode Zee

1. HET ANBA POLAKLOOSTER

Volgens de overlevering is het klooster gebouwd op de plaats waar Mozes en het volk Israël door de Rode Zee gingen. Binnen het klooster bevindt zich een bron, waarin Miriam, de zuster van Aäron, zich heeft gewassen. Het klooster bevindt zich op een afgelegen en moeilijk bereikbare plaats. Het klooster heeft vier kerken, waarvan er één is gelegen in de grot, waarin St.-Pola bijna 90 jaar heeft geleefd.

2. HET ST.-ANTONIUSKLOOSTER

Dit klooster is gelegen aan de voet van de El Kalzam berg en is gesticht aan het eind van de vierde eeuw bij de plaats waar zich de grot bevond waarin Sint-Antonius heeft gewoond en bij de bron waarvan hij heeft gedronken. In het jaar 537 werd het Anba Polaklooster en het Sint-Antoniusklooster door keizer Justinianus omringd met een muur, nadat deze het

Sint-Catharijneklooster bij de berg Sinaï had bezocht.

Wadi El Natroun-kloosters

Deze regio is bezocht door de Heilige Familie tijdens haar reis door Egypte en is daarom gezegend. Wadi El Natroun ligt halverwege tussen Caïro en Alexandrië en had vroeger drie centra: Nitria, Cellia en Scetis. Het gebied is rijk aan mineralen, zoals teer en zout, men vindt er papyrus voor de fabricage van papier en slaapmatten, en er is natuurlijk bronwater. Het gebied is bezocht door veel westerse geleerden, zoals: Vader John Cassianus (van 390 tot 400), Vader Paladius (van 388 tot 399), Sint-Hiëronymus (in 381) en Vader Rufinus (in 371).

Volgens de geschriften van deze laatste bevonden zich te dien tijde 50 kloosters in het gebied van Wadi El Natroun.

1. NITRIA-GEBIED

De kloosters in dit gebied werden gesticht door Vader Amon. Ze kenden een systeem dat lag tussen het kluizenaarssysteem van Anba Pola en het gemeenschapssysteem van Pakhoum.

2. CELLIA-GEBIED

Toen het aantal monniken in het Nitria-gebied verder toenam, trokken de monniken circa 17 kilometer verder de woestijn in, naar het meest onherbergzame gebied. Door Vader Amon werd de leiding over dit gebied opgedragen aan verschillende monniken, zoals St.-Theodor, Vader Agatho, Vader Thanthaeil, Vader Hor en Vader Bamo. In de loop der tijd werd dit gebied belangrijker dan het Nitria-gebied. Dit was voornamelijk te danken aan de echte stichter van het gebied: Anba Makarius van Alexandrië. Deze werd in het begin van de vierde eeuw geboren in Alexandrië en was de leeftijd van veertig jaar reeds gepasseerd, toen hij in de leer kwam. Woonde bij Sint-Antonius in het Rode-Zeegebied en bij vader Bamo in het Cellia-gebied.

Hij stond bekend om zijn ascetische levenshouding en is door velen nagevolgd. Het kloosterleven in dit gebied is sterk geïsoleerd vergeleken bij het Nitria-gebied.

3. HET SCETIS-GEBIED

De kloosters in dit gebied werden gesticht door Anba Makarius de Grote, die eveneens in Alexandrië werd geboren. Hij was oorspronkelijk mandenvlechter die zijn producten verkocht aan kameeldrijvers in ruil voor brood. Zijn navolgers kwamen uit verschillende landen, vooral de twee zonen van keizer Valentinus, Maximus en Domadius zijn daarbij van belang. Makarius heeft hen tot monnik gemaakt en hun geleerd te werken en te bidden. Hij leerde hun ook grotten te bouwen in de bergen en deze af te dekken met palmbladeren. Makarius had in het kloosterleven geen apart systeem, maar zijn systeem was gebaseerd op sociale contacten. De monniken woonden niet op grote afstand van elkaar. Hij gaf leiding aan duizenden monniken en liet in de periode van 384-390 vele kerken bouwen. Het huidige Anba Makariusklooster ligt dichtbij de regio waar Makarius de Grote zijn eerste kloostergemeenschap stichtte. Nog vóór zijn dood heeft Makarius de stichting meegemaakt van een tweetal nieuwe groepen: Johannes de Korte en Anba Bishoy.

Deze drie kloostergebieden waren het doelwit van

talloze aanvallen van barbaren en bedoeïenen in de vierde en vijfde eeuw en vooral in het jaar 410, tijdens de ambtsperiode van Paus Theofilus (de 23e paus); in het jaar 430 tijdens de ambtsperiode van Kyrolos de Grote en in de jaren 440 tot 458, tijdens de ambtsperiode van Paus Diskoros. Van de oorspronkelijke vijftig kloosters in dit gebied zijn er thans nog vier in gebruik:

1. Deir Anba Bishoy
Gesticht aan het einde van de vierde eeuw en gewijd aan de heilige Bishoy, een discipel van Makarius de Grote.

2. Deir El Souryan
Dit klooster bevindt zich op enkele honderden meters afstand van het vorige en dateert uit de negende eeuw.

3. Deir El Baramous
Deze naam is ontstaan uit het Koptisch Pa-Romeos, dat betekent: vóór de Romeinen. Het klooster is gesticht in de vierde eeuw en is gewijd aan de twee prinsen Maximus en Domadius.

4. Deir Anba Makarius
Dit klooster is gewijd aan Makarius de Grote en werd gesticht aan het einde van de vierde eeuw.

Kloosters in boven-Egypte

1. DEIR EL MAHARRAQ

In dit klooster bevindt zich de oudste en eerste kerk van Egypte. Het klooster staat op een plek die door de Heilige Familie tijdens de tocht door Egypte werd bezocht en het werd gebouwd door Anba Pakhoum in de vierde eeuw.

2. DEIR HEILIGE MARIA DRONKA

Dit klooster ligt dicht bij de stad Assiut. Het is op de nabij gelegen bergen gesticht. Volgens de Koptische traditie is dit de laatste plek die bezocht is door de Heilige Familie. Al sinds eeuwen trekt het als bedevaartsoord duizenden bezoekers, met name tijdens de Vasten Periode van de Heilige Maria in augustus.

3. HET WITTE KLOOSTER

Het witte klooster wordt vaak geïdentificeerd met Shenouda. Het gebouw lijkt meer op een tempel uit de tijd van de Farao's dan op een Christelijk klooster. Het klooster is gelegen aan de rand van de woestijn ten westen van de stad Souhaq, dichtbij de oude stad Atrib. Volgens overlevering is het klooster gebouwd tijdens het leven van Shenouda.

Andere belangrijke kloosters
1. DEIR ABOU MINA

Dit klooster is gelegen in het Marioutgebied, ten westen van Alexandrië. Het nieuwe klooster staat op de plaats waar vroeger in de derde eeuw een stad en het klooster van Abou Mina was gelegen. Het is gebouwd in de jaren zestig van deze eeuw door Paus Kyrolos de Zesde.

2. DEIR ANBA SAMUEL

Dit klooster is gelegen in het Fayoumgebied en is gesticht in de zevende eeuw. Het werd tot twee keer toe aangevallen door de berberstam. Zij namen Sint-Samuel gevangen en mishandelden hem maar hij zag kans om terug te vluchten naar zijn klooster. In de daarop volgende eeuwen verviel het klooster tot een ruïne. Pas in de 19e eeuw werd het weer door monniken uit Deir El-Baramous bewoond en opgeknapt. Het heeft een kerk op naam van de Heilige Maria en het had vroeger vier verdedigingsbouwwerken.

3. DEIR HEILIGE DEMJANA

Dit klooster is gewijd aan de Heilige Demjana, die tezamen met veertig van haar nonnen tijdens de regering van Decledianus werd gemarteld en ter dood gebracht.

Wat zijn de algemene kenmerken van de Koptische kloosters?

- Bijna alle kloosters zijn gewijd aan een der heiligen of martelaren van de Koptische Kerk óf aan de Heilige Maria.
- De kloosters zijn gewoonlijk ontstaan uit één enkele kerkgemeente die uitgroeide tot een kloostergemeenschap.
- De oude kloosters zijn bijna allemaal gesticht tussen de derde en de zevende eeuw.
- De kloosters hebben gewoonlijk meer dan één kerk, soms oplopend tot zeven kerken.
- Er is altijd één kerk gewijd aan de Heilige Maria en aan de engel Gabriël, die zich gewoonlijk bevindt op het bovenste deel van de verdedigingswerken van het klooster.
- Zoals ook de Egyptische steden geen stadsmuren kenden, waren ook oorspronkelijk de kloosters niet ommuurd. Later veranderde dat, veroorzaakt door de voortdurende aanvallen van bedoeïnen en barbaren.
- De verdedigingswerken van het klooster hebben geen ramen of toegangsdeuren. Op de tweede verdieping van de versterkingen is gewoonlijk één enkele deur, die met behulp van een klapbrug, via de buitenmuur het klooster toegankelijk maakt. In

51

het geval van een belegering kan het klooster gedurende een langere periode in haar eigen behoeften voorzien. Binnen de verdedigingswerken vinden we, naast de kerk, een bibliotheek voor de kostbare manuscripten en boekwerken. Veel van deze manuscripten zijn in de loop van de jaren verloren gegaan of bevinden zich thans in Europese musea. Daarnaast vinden we binnen de verdedigingswerken magazijnen (in het Koptisch: diksaar) voor peulvruchten, granen, wijn, olie. Er is ook altijd een waterbron binnen de verdedigingswerken.

- De meeste kloosters hebben grote tuinen, die worden bewerkt door de monniken en die voorzien in de dagelijkse levensbehoeften van de kloostergemeenschap. Wijngaarden waar druiven worden geteeld voor de productie van wijn voor de communie, vormen een vast bestanddeel van het klooster.

- Vroeger hadden alle kloosters verschillende groepen monniken die zich bezighielden met schrijven, boekbinden, leermaken, inkt en papierproductie en dergelijke.

- In de ruimte waar de gemeenschappelijke maaltijden worden gebruikt bevindt zich gewoonlijk een reusachtige tafel, waaraan de monniken kunnen plaatsnemen voor de maaltijd.

Aan het hoofd van de tafel is een lessenaar (mangalya in het Koptisch) waar de abt, tijdens de maaltijd uit de Bijbel leest.
- Alle kloosters hadden ook een gastenverblijf, waar reizigers die op doorreis waren, konden overnachten en de maaltijd gebruiken.

Hoe verliep vroeger het dagelijks leven van de monniken in een Koptisch klooster?

Uitgangspunt van het Koptische kloosterleven is het afstand doen van wereldse rijkdom en het bewust kiezen voor armoede, om daarmee nader tot God te komen. De maaltijden bestonden gewoonlijk uit hard brood, dat met zout en water werd genuttigd. De maaltijd werd één keer per dag gebruikt, ná zonsondergang. Soms werd zonder eten of drinken verschillende dagen achtereen gevast. Vaak werd de gehele nacht doorgebracht met bidden, zo nu en dan onderbroken door een korte periode van slapen op een rieten mat. Naast de spontane gebeden waren er per etmaal zeven vaste gebedsstonden, drie overdag en vier des nachts. De kleding was eenvoudig en vervaardigd van grove katoen of van de vezels van de palmboom. De monniken droegen gewoonlijk een stok bij zich die een spirituele betekenis had, in navolging van Elia en Mozes. Het principe was: werken en bidden om de duivel het hoofd te bieden en stilzwijgen en zo min mogelijk spreken met andere monniken. Het was niet ongebruikelijk dat monniken gedurende enkele maanden achtereen in het geheel niet spraken.

Hoe verloopt het nu?

Om als monnik of non te worden toegelaten in een klooster, moet er aan bepaalde eisen zijn voldaan. Allereerst moet men een universitaire studie of H.B.O.-opleiding voltooid hebben, zodat men de kans heeft gehad om zich heen te kijken in het leven. Op die manier komt men tot een bewuste keuze. Er gaat ook een bepaalde leerperiode (variërend van 3 tot 5 jaar) vooraf aan het definitief monnik of non worden. Iedere monnik heeft één cel die uit twee kamers bestaat: een woonkamer met daarachter zijn eigen slaap- en bidruimte. Sommige monniken kiezen ervoor om in de bergen als kluizenaar te leven en bouwen daar hun eigen cel. Vrijwel alle werkzaamheden in het klooster worden door de monniken zelf verricht, zoals: landbouw en veeteelt, zuivelproductie, aanleggen van wegen, bouwactiviteiten, medische zorg, en bibliotheek-voorzieningen. Er worden, over het algemeen, in een klooster weinig mensen in dienst genomen. Twee keer per dag komen de monniken bij elkaar: in de vroege ochtend tijdens de mis en laat in de middag om te bidden. In tegenstelling tot vroeger eten monniken ieder apart in hun cel.

Welke zijn de belangrijkste oude kerken in Caïro?

A. De Kerken van de vesting Babylon in oud Caïro
1. De Hangende Kerk of Al-Muállaqa Kerk.
2. De Abu-Sarga Kerk.
3. De Sint-Barbara Kerk.
4. De Sint-George Kerk.
5. De Kerk van de Maagd, bekend als: al-Adra Qasriat ar-Rihan.

B. Kleine kerken van Oud- Caïro in de twee kloosters van Babylon van de trappen en Sint- Theodore de Oosterling
1. De Kerk van de Maagd.
2. De Kerk van Sint-Cyrus en Johannes.
3. De Kerk van Sint-Theodore.
4. De Kerk van Sint-Michael te Turah.

5. De Kerk van de Maagd te Turah.

C. De Kerken van Fustat

1. De Kerk van Abu s'-Saifain (Sint-Mercurius).
2. De Kerk van Anba Shenouda.
3. De Kerk van de Maagd, die bekend is als ad-Damshiriah.
4. De Kerk van Mari Mina (Sint-Menas) te Fom el-Khalig.

D. De kerken van Caïro

1. De Kerk van de Maagd in het Harat-ar-Rum.
2. De Kerk van de Maagd in het Harat-Zuwaila.
3. De Patriarchale Kerk van St.-Marcus te al-Azbakiah.
4. De Kerk van St.-Petrus en Johannes, bekend als al-Butrosiah.
5. De Kerk van Anba Ruwais.

DEEL 3

Door wie werd de geloofsbelijdenis geschreven? Wanneer en waar en hoe luidt de tekst ervan?

Op 14 juni 325, tijdens de regering van Constantijn, werden alle bekende kerken verzameld in het Eerste Oecumenische Concilie. Dit concilie vond plaats te Nicea, een haven aan de Zwarte Zee. Er waren 118 vertegenwoordigers van verschillende kerken. Uit deze vertegenwoordigers werd een drietal gekozen om het concept van een geloofsbelijdenis te presenteren. Deze drie waren: Alexandros, de negentiende Paus van Alexandrië; zijn diaken Athanasius, die zelf later Paus werd en Liontius, bisschop van Ciceria Kabadok, uit Syrië. De geloofsbelijdenis werd vastgesteld door dit drietal, van wie twee Egyptenaren waren.

De tekst van de geloofsbelijdenis luidt als volgt:
``Wij geloven in één God, de Almachtige Vader, Schepper van hemel en aarde, van al wat zichtbaar en onzichtbaar is. En wij geloven in één Heer Jezus Christus, eniggeboren Zoon van God vóór alle tijden geboren uit de Vader. Licht uit licht,

ware God uit de ware God, geboren, niet geschapen, één in wezen met de Vader en dóór wie alles geschapen is. Hij is voor ons, mensen, en omwille van ons heil uit de hemel neergedaald. Hij heeft het vlees aangenomen door de Heilige Geest uit de maagd Maria, en is mens geworden. Hij werd voor ons gekruisigd, Hij heeft geleden onder Pontius Pilatus en is begraven. Hij is verrezen op de derde dag, volgens de Schriften. Hij is opgevaren ten hemel: zit aan de rechterhand van Zijn Vader. Hij zal wederkomen in heerlijkheid om te oordelen de levenden en de doden. En aan Zijn Rijk komt geen einde. Ja, wij geloven in de Heilige Geest, die Heer is en het leven geeft, die voortkomt uit de Vader, die met de Vader en de Zoon tezamen wordt aanbeden en verheerlijkt, die gesproken heeft door de profeten. Wij geloven in de ene, Heilige, universele en apostolische kerk. Wij belijden één doopsel tot vergeving van de zonden. Wij verwachten de opstanding van de doden en het leven van het komende rijk. Amen."

Door wie en wanneer werd de eerste Koptische liturgie geschreven?
Door wie werden de andere liturgieën geschreven?
Welke verschillen zijn er en in welke taal

werden zij oorspronkelijk geschreven?

De Koptische Kerk kent sedert de eerste eeuwen drie verschillende liturgieën.

1. St.-Marcusliturgie (Anba Kyrolosliturgie). Uit de geschiedenis weten we dat Sint-Marcus de eerste was, die de liturgie in de Koptische Kerk heeft gebruikt. De overlevering van de liturgie geschiedde mondeling tot Anba Kyrolos, de 24e paus, de liturgie schriftelijk vastlegde en gebeden eraan toevoegde. Sinds die tijd wordt deze liturgie de Anba-Kyrolosliturgie genoemd. Deze was oorspronkelijk in het Grieks geschreven en de liturgie werd slechts zelden gebruikt in de kerk. De liturgie werd vooral gebruikt in de periode vóór Pasen, in de Advent en op de vrijdag voorafgaande aan Palmzondag. De liturgie richt zich tot God de Vader.

2. Sint-Basilius, bisschop van Caesarea, heeft ook een liturgie geschreven die zich richt tot God de Vader. Deze liturgie werd gedurende het gehele jaar gebruikt.

3. Sint-Gregorius van Nazianzen, bisschop van Constantinopel, schreef een liturgie die verschilt van de voorgaande en die zich richt tot God de Zoon. Deze liturgie wordt vooral gebruikt bij

grote en plechtige gelegenheden, zoals de Doop van Jezus Christus (Epiphany), Pasen en Kerstmis. Alle drie de liturgieën zijn oorspronkelijk geschreven in de Griekse taal en werden bijna tegelijkertijd vertaald in het Koptisch door de geleerden van de School van Alexandrië. In Egypte worden de liturgieën in de kloosters gewoonlijk in het Koptisch uitgevoerd en in de normale kerkdiensten in het Koptisch en in het Arabisch.

Uit welke belangrijke onderdelen bestaat de eredienst?

De belangrijkste onderdelen van de Koptische eredienst bestaan uit:

het absolutiegebed;
de Schriftlezingen;
het Trisagion;
het Heilige Evangelie;
het gebed voor het Heilig Evangelie;
de Geloofsbelijdenis;
het Verzoeningsgebed;
de Canon;
de gedachtenis der Heiligen;
de breking van het brood en de Communie;

de breking van het Brood;
het Onze Vader;
de voorbereiding tot de Heilige Communie;
Slotgebeden;

Wat wordt verstaan onder de Schriftlezingen?

De eerste lezing is uit één van de brieven van de Heilige Paulus ``El Boulos" De tweede lezing is uit één van de Algemene brieven ``Ël Katholikoon". De derde lezing is uit de Handelingen van de Apostelen ``Ël Ibrak-siis". De vierde lezing is uit de geschiedenis van de heiligen van de kerk ``Al Sineksaar" De vijfde lezing is uit één van de vier evangeliën ``El Engiil".

Wanneer kan iemand in de Koptische Kerk deelnemen aan de Communie?

Wie aan de Communie wil deelnemen in de Koptische Kerk, moet allereerst zijn gedoopt en bovendien regelmatig hebben gebiecht bij de priester. In de Koptische Kerk is het de gewoonte dat zij die aan de Heilige Communie willen deelnemen, vóór de Schriftlezingen in de kerk aanwezig zijn. De gelovigen moeten vanaf negen uren vóór de Communie nuchter zijn. Bij het

``Onze Vader" wordt in de Koptische Kerk de zin toegevoegd: ``In de naam van Jezus Christus, onze Heer", omdat Jezus Christus zei: ``Wat gij ook vraagt in mijn naam, Ik zal het doen, opdat de Vader in de Zoon verheerlijkt worde. Indien gij mij iets vraagt in mijn naam, Ik zal het doen" (Johannes 14:13-14).

Waarom wordt in de Koptische Kerk, bij het ontvangen van het lichaam van Christus, de mond afgedekt met een doek?

De reden hiervoor is, dat de communie voorafgegaan wordt door een periode van tenminste negen uren vasten. Daardoor hebben gelovigen vaak een droge, geprikkelde keel en de neiging tot hoesten of niezen. Door het gebruik van een doek wordt voorkomen dat de hostie daaraan wordt blootgesteld.

Waarom bedekken vrouwen in de Koptische Kerk het hoofd?

Deze gewoonte berust op de tekst uit de Bijbel in I Korintiërs 3:12, waarin staat: ``Ik wil echter dat gij dit weet: het hoofd van iedere man is Christus, het hoofd der vrouw is de man, en het hoofd van

Christus is God. Iedere man die bidt of profeteert met gedekten hoofde, doet zijn hoofd schande aan. Maar iedere vrouw die blootshoofds bidt of profeteert, doet haar hoofd schande aan, want zij staat gelijk met ene, die kaalgeschoren is. Want indien een vrouw zich het hoofd niet dekt, moet zij zich ook maar het haar laten afknippen. Doch indien het een schande is voor een vrouw, als zij zich het haar laat afknippen, dan moet zij zich dekken. Want een man moet het hoofd niet dekken: hij is het beeld en de heerlijkheid Gods, maar de vrouw is de heerlijkheid van de man. Want de man is niet uit de vrouw, maar de vrouw uit de man. De man is immers niet geschapen om de vrouw, maar de vrouw om de man. Daarom moet de vrouw een macht op het hoofd hebben vanwege de engelen. En toch, in de Here is evenmin de vrouw zonder man iets, als de man zonder vrouw. Want gelijk de vrouw uit de man is, zo is ook de man door de vrouw; alles is echter uit God."

Waar komt de muziek die in de Koptische Kerk wordt gebruikt oorspronkelijk vandaan?

De muziek in de Koptische Kerk is sterk beïnvloed door de oude Egyptische beschaving.

Toen het Egyptische volk zich in de eerste eeuw bekeerde tot het Christendom bracht zij de oorspronkelijke kunst en muziek mee in de kerk. Muziek was belangrijk in religieus en wereldlijk opzicht voor de Egyptenaren. Bij allerlei religieuze festiviteiten speelden muziek en gezangen een belangrijke rol.

Volgens Demetrius van Rhalaron, een bibliothecaris uit Alexandrië uit 297 voor Christus, kenden de oude Egyptische priesters de fluit en de harp niet. De melodieën werden geproduceerd door het zingen van zeven Griekse klinkers na elkaar. Tot nu toe worden veel Koptische gezangen uitgevoerd met behulp van dezelfde zeven klinkers.

De meest essentiële melodieën uit de St.-Marcusliturgie zijn verloren gegaan, behalve de gezangen ``Ouchoti" en ``Ouohnai", die thans nog worden gebruikt bij de eredienst voor de doden. De gezangen die in de liturgieën van St.-Basilius en van St.-Gregorius werden gebruikt, lang voor de kerksplitsing van 451 A.D., zijn wat tekst en melodie betreft van puur Koptische oorsprong, met uitzondering van Syrische gedeelten in de liturgie van St.Marcus en Byzantijnse gedeelten in de andere twee liturgieën.

De Koptische Kerk heeft een uitgebreide verzameling van meer dan 300 verschillende gezangen van verschillende lengte. De meeste teksten zijn van Koptische oorsprong, enkele zijn van Griekse oorsprong, maar de muziek is steeds Koptisch. Hoewel sommige gezangen wel vijftien minuten kunnen duren, bestaan zij uit een tekst van soms slechts enkele woorden. Volgens Philo, de Joodse filosoof die in de eerste eeuw in Alexandrië leefde, hebben de Christenen veel melodieën van de oude Egyptische gezangen overgenomen en een andere tekst daaraan toegevoegd.

Een van de oudste gezangen is de Adribi, waarschijnlijk is de naam afkomstig van het Koptische woord ``eterhabi'' dat betekent ``treurzang''. Daarom wordt dit gezang ook gebruikt in de lijdensweek voor Pasen. Een van de oudst bewaard gebleven gezangen, dat is opgetekend in muziekschrift, handelt over de Heilige Drieëenheid. Gezangen hebben ook een belangrijke rol gespeeld bij de verdediging van het geloof Zowel nu als vroeger, wordt het gehele jaar door in de Koptische kerkdienst gezongen. Elke dienst kent zijn eigen melodieën.

Professor Newlansmith van de Royal Academy of London zei in een lezing: ``Geef mij de stem van Caruso en een Koptisch gezang, en ik laat de muren van Jericho ineenstorten."
Professor Newlansmith heeft alle gezangen van de Koptische kerk en haar liturgie op muziek gezet in een boek dat 18 delen telt.
Koptische muziek is dus niet-Arabisch, niet Turks, niet Grieks, maar oud-Egyptisch.

Waar komt de Koptische taal vandaan? Is er ook literatuur en in welke taal werd voor het eerst de Bijbel in haar huidige vorm - Oude en Nieuwe - Testament bekend?

De Koptische taal is de gesproken taal van het oude Egypte, die gebruikt werd in de eeuwen vóór en na de geboorte van Christus en die werd geschreven met behulp van de 22 letters van het Griekse alfabet, waaraan 7 klinkers uit het Demotische alfabet (oud-Egyptisch) werden toegevoegd die hun oorsprong vinden in het hiëroglyphenschrift. De taal dankt zijn ontstaan aan het feit dat de meeste Egyptenaren, behalve de geleerden, geen Grieks kenden; dit was daarom de enige manier om de massa van het volk te kunnen bereiken. Bovendien werd afstand genomen van het heidense verleden omdat het evangelie hen in de Griekse taal bereikte. De Koptische taal en het Grieks waren tot de elfde eeuw de regeringstalen en de talen van de Griekse minderheid en die van de geleerden in Alexandrië. De Koptische taal werd tot het begin van de achttiende eeuw gesproken in Nagada, Kous en Igmim.

De Koptische taal kent vijf verschillende dialecten, waarvan El Boheiri, dat vooral in Alexandrië werd gebruikt, de meest bekende is. El Seidi is het oudste dialect en kent de rijkste literatuur. De andere drie dialecten, Igmim, Fayoum en Memph hadden een geringere invloed. De Egyptenaren begonnen vanaf de zevende en achtste eeuw na Christus het Arabisch te gebruiken; maar gebruikten daarbij Koptische lettertekens. Omgekeerd werden vanaf de achttiende eeuw de Arabische schrifttekens gebruikt om Koptisch te leren. De vroegste Koptische literatuur waren vertalingen uit het Grieks. Hoewel Egypte politiek onder het Romeinse Rijk behoorde, was de culturele invloed van het Grieks veel groter. Er zijn naast vertalingen en religieuze boeken, ook magische teksten, certificaten, zakelijke

67

contracten, brieven, financiële stukken, verhalen en beschrijvingen van medische verschijnselen, astronomische en scheikundige geschriften bewaard gebleven.

De grootste prestatie echter, is de vertaling van het Oude Testament uit het Hebreeuws en van het Nieuwe Testament uit het Grieks in de Koptische taal. Dit werd verricht door twee geleerden uit de School van Alexandrië; Pataenus en Clement. Zij werkten gezamenlijk ongeveer in het jaar 350 A.D. en hebben de Bijbel vertaald in twee dialecten, het Boheiri en het Seidi. Zij waren daarmee de eerste geleerden ter wereld, die de complete Bijbel, Oude èn Nieuwe Testament in hun landstaal hebben vertaald. Deze bijbel kan nog worden bewonderd in het British Museum te Londen.

Wat is de Koptische kalender? Wanneer is de Koptische jaartelling begonnen en welke zijn de Koptische maanden?

Bij de oude Egyptenaren begon de nieuwe maand, wanneer de maan niet zichtbaar was. De dag begon in de vroege ochtend en duurde tot de vroege ochtend van de volgende dag. De oude Egyptenaren waren de eersten die ontdekten dat het jaar bestaat uit 365 dagen. Het jaar bestond uit twaalf (maan)maanden, in totaal 354 dagen.

De Egyptenaren observeerden voortdurend de beweging van de helderste ster aan het firmament, de ``dogstar'', Sirius. Om ervoor te zorgen dat de verschijning van Sirius aan de hemel samenviel met de tijdrekening werd aan de twaalf (maan) maanden een extra ``dertiende maand'' van 11 dagen toegevoegd.

Jaarlijks bevinden aarde, zon en Sirius zich in een rechte lijn ten opzichte van elkaar. Gedurende een periode van 70 dagen is dan Sirius niet zichtbaar. Aan het eind van deze periode wordt de ster in het oosten aan de horizon opnieuw zichtbaar. De Egyptenaren zagen in Sirius een personificatie van de godin Sothis en de periode van zeventig dagen viel samen met het eind van de periode waarin de Nijl haar laagste waterstand bereikte. De rivier had dus de functie van een reusachtige klok, die de seizoenen markeerde. Het opnieuw zichtbaar worden van Sothis viel dus samen met het opnieuw stijgen van de waterstand in de Nijl en op deze gebeurtenis was de gehele Egyptische tijdsrekening gebaseerd.

De kalender kende drie seizoenen van elk vier maanden. De maanden werden genoemd naar belangrijke feestelijke gebeurtenissen die in de betreffende maand plaatsvonden. De drie seizoenen waren: Akhet (hoog water), Peret (overstroming) en Shomu (laagwater) of oogst. Het grote feest van de opkomst van Sothis werd Wep Renpet genoemd, dat betekent: begin van het jaar. De laatste maand van het jaar werd genoemd naar deze gebeurtenis. De dag was verdeeld in 24 uur. Het jaar 4241 voor Christus wordt aangemerkt als het begin van de Egyptische jaartelling.

Tijdens de Romeinse overheersing, maar vooral onder de regering van Diocletianus, hebben de Christenen aan grote vervolgingen blootgestaan. Het is om deze reden dat het eerste jaar van de regering van Diocletianus, het jaar 284 als het begin van de Koptische kalender wordt aangemerkt.

De Koptische maanden zijn:

Tüt 11 september   -10 oktober (Dit is de God van de geleerden en daarom is de eerste maand van het jaar aan hem gewijd.)

Babah	11 oktober	-	9 november
Hator	10 november-		9 december
Kihak	10 december -		8 januari
Tuba	9 januari	-	7 februari
Amshir	8 februari	-	9 maart
Baramhat	10 maart	-	8 april
Baramudah	9 april	-	8 mei
Bachans	9 mei	-	7 juni
Baunah	8 juni	-	7 juli
Abib	8 juli	-	6 augustus
Masri	7 augustus	-	5 september
Nasi	6 september -		10 september

Welke vastenperioden kent de Koptische Kerk?

1. De Heilige Grote Vasten

Deze vastenperiode duurt 55 dagen; bestaande uit 40 dagen, zoals ook Jezus 40 dagen heeft gevast en 15 dagen extra, verdeeld in één week voorbereiding en één lijdensweek vóór Pasen. In deze vastenperiode mogen geen dierlijke producten, vis of melkproducten worden gebruikt.

2 De vastenperiode voor Kerst

Deze periode duurt 43 dagen en begint op 16 Hator en eindigt op 27 Kihak (6 januari) met de kerstviering. In deze periode mag alleen vis worden gebruikt, géén dierlijke of melkproducten.

3. De vasten van de Apostelen

Deze vastenperiode vindt haar oorsprong in het vasten, dat de apostelen deden ná het ontvangen van de Heilige Geest. De lengte van deze periode varieert van 15 tot 49 dagen. De periode begint op de maandag na Pinksteren en eindigt op 4 Abib. In deze periode mogen geen dierlijke of melkproducten worden gebruikt, maar wél vis.

4. De Heilige Mariavastenperiode

De traditie zegt dat Maria de eerste was die in deze periode vastte. De periode begint op 1 Masri en eindigt op 15 Masri. Ook in deze periode is alleen vis toegestaan.

5. De drie dagen van Jonas

Zoals Jonas drie dagen in de buik van de walvis doorbracht, was Jezus drie dagen in het graf. In deze vastenperiode mogen géén vis, dierlijke of melkproducten worden gebruikt.

6. Woensdag en vrijdag gedurende het gehele jaar Op woensdag en vrijdag mogen gedurende het gehele jaar, echter met uitzondering van de 50 dagen na Pasen, géén vis, dierlijke of melkproducten worden gebruikt. Samen met de Heilige Grote Vasten zijn dit de oudste en eerste vastenperioden. De woensdag wordt gevast, omdat op deze dag Jezus door Judas werd verraden en de vrijdag, omdat dit de dag van de Kruisiging van Jezus Christus was. De uitzondering van 50 dagen berust op het verschijnen van Jezus aan de discipelen, gedurende vijftig dagen na de Opstanding.

Hoewel de vastenperioden de naam dragen van de Heilige Maria, de apostelen of Jonas, geschiedt alle vasten in de Koptische kerk zonder uitzondering ter ere van God zelf.

Welke Koptische feestdagen zijn er?

De Koptische kerk kent zeven grote feesten en eveneens zeven kleinere feesten.

De zeven grote feesten zijn:
1. Het feest van de Verkondiging
In dit feest wordt herdacht dat de engel Gabriël

aan de maagd Maria haar zwangerschap van Jezus Christus verkondigde. Dit feest is op 29 Baramhat.

2. Het Kerstfeest Het feest van de geboorte van Jezus Christus. Dit feest valt op 29 Kihak.

3. De doop van Jezus

Met dit feest wordt de doop van Jezus door Johannes de Doper in de rivier de Jordaan herdacht. Het feest is op 11 Tuba.

4. Palmzondag

Dit feest valt op de zevende zondag van de Heilige Grote Vasten vóór Pasen. In dit feest wordt herdacht dat Jezus als koning in Jeruzalem werd binnengehaald.

5. Pasen

Dit is het feest van de opstanding van Jezus. Het valt op de achtste zondag van de Heilige grote vasten.

6. Hemelvaartsdag

Dit feest valt 40 dagen na Pasen.

7. Pinksteren

Dit feest valt 50 dagen na Pasen.

De zeven kleinere feesten zijn:

1. De besnijdenis van Jezus

Dit valt op 6 Tuba.

2. Het feest van Kana El Galil

Hiermee wordt het eerste wonder dat Jezus

verrichtte herdacht: de verandering van water in wijn tijdens een bruiloft. Deze gebeurtenis markeert het begin van de verkondiging van Jezus. Het feest valt op 13 Tuba.

3. Het feest van de komst van Jezus naar de Tempel

Met dit feest wordt herdacht dat Maria en Jozef het kind Jezus voor het eerst volgens de Joodse riten naar de tempel brachten. Het feest valt op 8 Amshir.

4. Witte Donderdag

Dit feest vindt plaats twee dagen vóór Pasen en men herdenkt dat Jezus de voeten van de discipelen waste en het Laatste Avondmaal opdroeg.

5. De zondag van Thomas of de Nieuwe Zondag

Dit feest valt op de zondag na Pasen en men herdenkt, dat Jezus door gegrendelde deuren het huis binnenkwam waar de discipelen bijeen waren en waar Jezus aan Thomas zijn wonden van de Kruisiging toonde.

6. De komst van Jezus naar Egypte

Dit feest valt op 24 Bachans en men herdenkt de komst van Jezus met Maria en Jozef naar Egypte.

7. Het feest van Jezus op de Olijfberg

Jezus ging met drie van zijn discipelen naar de Olijfberg; daar kregen de discipelen een lichtend

visioen van Jezus en zij zagen naast hem Elia en
Mozes. Het feest valt op 13 Masri.

DEEL 4

Welke bouwkundige kenmerken heeft de Koptische Kerk en welke belangrijke delen zijn er in de kerk?

De kruisvorm en de cirkelvorm die in Europese kerkgebouwen gebruikelijk zijn, komen in de Koptische Kerk niet voor. De Koptische Kerk is gebouwd in de vorm van een schip, dat de overgang van de mens naar een nieuw leven symboliseert. Het is een symbool voor ark van Noach, de baarmoeder en de eeuwigheid. De Koptische Kerk heeft koepels, één koepel symboliseert Jezus Christus; een kerk met drie koepels symboliseert de Heilige Drieëenheid. Soms vinden we ook vier kleine koepels en één grote: dit symboliseert de vier evangelisten en Jezus.

De kerk bestaat uit drie gedeelten; het Allerheiligste, waar het altaar zich bevindt; de ruimte voor de diakenen en de ruimte voor de gelovigen. De ikonenwand scheidt het altaar van de ruimte voor de diakenen; dit gedeelte is één tot drie treden hoger dan het gedeelte voor de gelovigen. Vaak, vooral in de oudere Koptische

Kerken, vinden we twaalf pilaren, die de twaalf discipelen van Jezus Christus verbeelden.

Wat wordt bedoeld met het Allerheiligste en het altaar?

Het Allerheiligste symboliseert de hemel en is het huis van God. Wanneer men zich in het Allerheiligste bevindt is men omringd door engelen en heiligen. Alleen priesters en diakenen mogen het Allerheiligste betreden en moeten de schoenen uitdoen bij het betreden, zoals God Mozes opdroeg te doen toen hij het brandende braambos zag. Het woord altaar is afkomstig uit het Grieks en betekent oorspronkelijk: plek waarop men dieren slacht als offer. Na de opkomst van het Christendom wordt het altaar gebruikt om de Communie voor te bereiden, ter nagedachtenis van Jezus, want hij is degene die zich voor ons mensen heeft opgeofferd.

Van welk materiaal is het altaar gemaakt?

Vanaf de eerste tot de vierde eeuw na Christus was het altaar van hout, omdat Jezus het Laatste Avondmaal op een houten tafel in het huis van Marcus heeft voorbereid. Bovendien symboliseert het hout de Boom des Levens en ook het Kruis waaraan Christus stierf, was van hout. Daarnaast waren er ook praktische redenen om het altaar van hout te vervaardigen. In de eerste eeuwen werden de Christenen namelijk veelvuldig vervolgd en hout is licht en gemakkelijk te vervoeren. Vanaf de vierde eeuw tot nu toe wordt het altaar gewoonlijk vervaardigd uit marmer, steen of rots. Toch worden in de meeste Koptische Kerken in Amerika, Australië en Ethiopië nog steeds houten altaren gebruikt.

Welke verschillen in vorm zijn er tussen een Koptisch altaar en een altaar in een Rooms-Katholieke Kerk?

Het Koptische altaar heeft ongeveer de vorm van een kubus en is hol van binnen. Een altaar in een Katholieke Kerk is een plaat die gewoonlijk op vier of vijf poten staat. Het Katholieke altaar wordt vanaf de tiende eeuw na Christus geplaatst tegen de oostwand van de kerk, zodat het altaar slechts van drie zijden kan worden benaderd. Het Koptische altaar is geplaatst in het midden van het Allerheiligste en relikwieën van Heiligen worden vaak binnenin de holle ruimte van het altaar opgeborgen en bewaard.

79

In de Rooms-Katholieke Kerk bestaat de gewoonte het altaar één keer per jaar te wassen en de kleden van het altaar af te nemen. De Koptische Kerk kent deze gewoonte niet. Op het altaar in de Koptische Kerk bevinden zich uitsluitend twee kandelaars en de benodigde attributen voor de Communie. In de Rooms-Katholieke Kerk worden soms ook bloemen en andere zaken op het altaar geplaatst. Een Koptische Kerk kan méér dan een altaar hebben, vooral in de oudere kerken en kloosters komt dit vaak voor. Een altaar mag slechts één keer per dag worden gebruikt.

Wanneer wordt een altaar in de Koptische Kerk beschouwd als ingewijd?

Vroeger was het de gewoonte een altaar als ingewijd te beschouwen, zodra het in een kerkdienst was gebruikt, of zodra er relikwieën in werden opgeborgen. Tegenwoordig wordt een altaar in de Koptische Kerk ingewijd door het te bestrijken met myron. De houten plaat waarmee het kubusvormige altaar gewoonlijk wordt afgedekt, kan in noodsituaties gemakkelijk in veiligheid worden gebracht.

Welke soorten kleden worden in de Koptische Kerk gebruikt om het altaar af te dekken?

Het eerste kleed dat op het altaar wordt geplaatst, is vervaardigd van fluweel-katoen met geborduurde kruizen aan de vier zijden of één groot kruis in het midden en reikt tot aan de grond. De kleur is gewoonlijk wit of rood. Het tweede kleed is wit en hangt tot ongeveer vijftien centimeter boven de grond. Het derde kleed is klein en wordt tijdens de kerkdienst na het verzoeningsgebed van het altaar weggenomen. Dit kleed symboliseert de rots die door de engel werd weggeschoven van het graf van Jezus.

Welke heilige voorwerpen bevinden zich op het altaar bij de voorbereiding van de Communie?

De beker

Op het altaar bevindt zich een beker in de vorm van een bel, die voor één-derde deel wordt gevuld met water en voor tweederde deel met wijn. Dit symboliseert het bloed en water dat uit de wond van Jezus vloeide toen hij aan het kruis met een speer werd gestoken.

De troon van Jezus

Dit is een houten kubus van 30 bij 25 cm met twee deurtjes aan de bovenzijde, waarin de beker met wijn wordt bewaard tijdens de kerkdienst. De vier zijden zijn beschilderd met ikonen, die gewoonlijk voorstellen: Jezus de Koning, Maria, de heilige Marcus en de heilige aan wie het betreffende altaar is gewijd.

De schotel

Dit is een metalen schotel die wordt afgedekt met een deksel op vier poten en die wordt gebruikt voor het brood als symbool voor het lichaam van Christus. Gedurende de kerkdienst wordt het lichaam van Christus afgedekt met een vierkant doekje, versierd met kruisjes. Bij de communie worden brood en wijn, lichaam en bloed van Christus, gescheiden aan de gelovigen gegeven.

De ruimte voor de diakenen

In deze ruimte staan gewoonlijk banken of stoelen en twee preekstoelen, één voor Koptische geschriften en één voor Arabische geschriften. De banken en stoelen zijn bestemd voor de diakenen en kerkelijke hoogwaardigheidsbekleders die gast zijn in de kerk. Toch worden ze weinig gebruikt, omdat het grootste deel van de kerkdienst staande wordt bijgewoond.

De ruimte voor de gelovigen

In de kerk staan banken voor de gelovigen, behalve in de kloosters, daar staan in het geheel geen stoelen of banken. In Egypte bestaat nog de gewoonte dat vrouwen aan de rechterzijde van de ruimte plaatsnemen en mannen aan de linkerzijde. Dit vindt zijn oorsprong in de Openbaring van Johannes, waarin staat geschreven dat de koningin ter rechterzijde van de koning zit (Maria zit rechts van Jezus).

Wat wordt verstaan onder de ikonenwand (iconstasis)?

De ikonenwand vormt de afscheiding tussen het Allerheiligste en de andere delen van de kerk en is het meest kenmerkende van een Koptische Kerk. De ikonenwand is gewoonlijk van marmer of van hout vervaardigd. Het is een teken van respect voor de dienst die plaatsvindt in het Allerheiligste. De ikonen van Jezus, de Heilige Maria en de heiligen worden ingelegd in de ikonenwand.

De ikonenwand heeft drie doorgangen die gewoonlijk fraai versierd zijn met houtsnijwerk. Rechts van de hoofdingang zijn ikonen geplaatst in de volgorde: Jezus, Johannes de Doper, de heilige aan wie het altaar is gewijd, en een of meer martelaren. Links van de hoofdingang bevinden zich de ikonen van de heilige Maria, aan de rechterhand van God, een ikoon van de boodschap van de engel Gabriël aan Maria, ikonen van St.-Marcus, de stichter van de Koptische Kerk en enkele apostelen. Boven de hoofdingang is een ikoon van het Laatste Avondmaal geplaatst, links en rechts geflankeerd door ikonen van de apostelen. Daarmee wordt benadrukt dat de Koptische Kerk een apostolische kerk is. Boven het ikoon van het Laatste Avondmaal bevindt zich een ikoon, waarop een kruis met aan de voet de Heilige Maria en Johannes de Evangelist. De volgorde van de ikonen op de ikonenwand is gebaseerd op een eeuwenoude Koptische traditie.

Wat is de betekenis van een ikoon en welke kenmerken onderscheiden Egyptische ikonen?

Een ikoon heeft een spirituele waarde en een

educatieve functie en levert daardoor een bijdrage aan de versterking van het geloof. Door het lezen van de Schrift, zingen, bidden, maar ook visueel, door het kijken naar ikonen wordt de kennis van de gelovigen vergroot.

De Koptische ikonenkunst is sterk beïnvloed door een drietal elementen: het bloeiende kloosterleven, de Hellenistische kunst (Alexandrië was een cultureel centrum voor de Griekse kunst) en later door de Byzantijnse kunst.

De Koptische ikonen worden vooral gekenmerkt door de vreugde die eruit spreekt. Afschrikwekkende beelden van lijden, hel of martelingen komen in de Koptische ikonenkunst niet voor, hoewel de Koptische Kerk zwaar geleden heeft onder de Romeinse overheersing. Alleen het lijden van Christus aan het kruis komt ook bij de Koptische ikonen voor, maar Jezus aan het kruis wordt verbeeld buiten het Allerheiligste, omdat hij ook buiten Jeruzalem werd gekruisigd. In het Allerheiligste wordt Jezus Christus uitsluitend afgebeeld op de troon. Een tweede kenmerk van de Koptische ikonenkunst is het thema van de overwinning van het goede op het kwade, van God over de duivel, doordat de duivel klein is afgebeeld. Daardoor roept de Koptische ikonenkunst moed en zelfvertrouwen op. Een vertrouwd thema is voorts liefde en tederheid, bijvoorbeeld sprekend uit de ikonen van de heilige Maria, die Jezus de borst geeft. Dit wijkt sterk af van de Griekse ikonenkunst, waar Jezus en Maria streng zijn afgebeeld.

In de Koptische ikonenkunst wordt de innerlijke spiritualiteit weergegeven door het accentueren van bepaalde kenmerken: een groot hoofd ten opzichte van het lichaam symboliseert geestelijke kracht, grote ogen weerspiegelen wijsheid.

In de Koptische ikonen wordt God de Vader nooit afgebeeld in tegenstelling tot de kunst uit de Europese Renaissance-periode, waar God de Vader vaak als een oude man met grijs haar wordt voorgesteld.

De Koptische ikonen worden niet met goud of zilver ingelegd.

De invloed van de Koptische ikonen is terug te vinden in Soedan, Ethiopië, Nubië en heeft zich via Ierland uitgebreid naar Duitsland.

Waaruit komt de traditie in de Koptische Kerk voort om de ikonen te kussen, te knielen voor de ikonen en het bewieroken van de ikonen?

Zoals in het Oude Testament de joodse priesters ter ere van God dansten voor de Ark des Verbonds, waarin de wet van Mozes werd bewaard, wordt in de Koptische Kerk geknield voor de ikonen van de gekruisigde Jezus Christus en wierook gebruikt. Het is echter niet de ikoon die wordt aanbeden, maar de gedachtenis aan de Gekruisigde die wordt vereerd.

Wat is kenmerkend voor de Koptische kunst en welke aspecten komen daarin het meest naar voren?

De Koptische kunst manifesteert zich in haar meest pure vorm in de kunst van de kloosterkerken vanaf het eind van de vierde en begin van de vijfde eeuw, tot 641, de Arabische invasie van het land. De eerste drie eeuwen van onze jaartelling werd de Koptische kunst vooral beïnvloed door de Griekse en Romeinse kunst. Vanaf de vijfde tot de zevende eeuw is er een geleidelijke overgang te bespeuren van Hellenistische naar Koptisch-Byzantijnse kunst.

87

De Koptische kunst uit deze periode werd ook beïnvloed door de Perzische en Syrische kunst. Het Koptisch museum in Caïro heeft afdelingen voor beeldhouwkunst, fresco's, textiel, ikonen, ivoor en been, houtsnijwerk, metaal, manuscripten, aardewerk, glas en Ethiopische kunst.

Welke dier- en vogelfiguren komen steeds terug in de Koptische kunst?

Bij de oude Egyptenaren had ieder dier en elke vogel een bepaalde betekenis. Zo staat de adelaar voor eeuwigheid, de leeuw voor dapperheid, een kameel voor geduld, de pauw voor kuisheid en andere dieren voor wijsheid of eerlijkheid. De dolfijn is het vriendelijkste zeedier; vissen omdat Jezus meerdere wonderen met vis en brood verrichtte; druiventrossen en bladeren van de wijnrank omdat Jezus zei: ``Ik ben de ware wijnstok, en mijn Vader is de landman"; tarwe-aren omdat Jezus zei: ``Ik ben het brood dat uit de hemel nederdaalt." Het gebruik van dier- en vogelfiguren in de Koptische kunst is gebaseerd op het respect van de Kopten voor alles wat God geschapen heeft.

Welke invloed heeft de Koptische kunst gehad op de kunst in het buitenland?

Een typisch kenmerk van de geschilderde Koptische kunst is het vlechtwerk van touw, versierd met bloemen- en plantenmotieven. Dit thema komt vooral voor in het Bawit- en Sakkharagebied en veel kleding en tapijten zijn ook met deze motieven versierd. Deze motieven zijn ook vaak te vinden op Europese begraafplaatsen en in Klein-Azië en in Syrische en Noorditaliaanse paleizen.

Ook kunnen Koptische invloeden in de architectuur worden herkend, bijvoorbeeld in de Sint-Pieterskerk in Mietz (Zwitserland) en de Saint-Laurentkerk in Chor, eveneens in Zwitserland. Deze kerken zijn gebouwd met als voorbeeld de kerk in Mariut in Egypte.

Een andere belangrijke invloed van de Koptische kunst is terug te vinden in de schriftkunst en in de kunst van het boekbinden. De Koptische invloeden hebben Europa in de zevende eeuw bereikt en drongen in de achtste eeuw ook tot Engeland door. De versiering van de eerste letter in een boek, soms neemt deze versiering een gehele pagina in beslag, is een typisch Koptisch kenmerk. Ook het versieren van verkortingen van begrippen met religieuze betekenis zoals in het Grieks de woorden God, Jezus Christus, Heilige Geest, Kruis, Martelaar is een typisch kenmerk van Koptische kunst. De Koptische monniken waren bijzonder bedreven in het versieren en kleuren van papier en leerwerk, zo kundig zelfs, dat zij beschuldigd werden van hekserij in de middeleeuwen en voor de ``wali", de machthebber, moesten verschijnen.

De Christelijke wereld heeft van de Koptische kerk de ``Sinksaar"-lezingen overgenomen, dat wil zeggen: dagelijkse lezingen in de kerk over de geschiedenis van de martelaren.

In de Europese economische geschiedenis van de vijfde tot en met de zevende eeuw neemt de handel van Egypte in textiel, ikonen, bronzen sieraden en kerkelijke objecten met de volkeren van de Rijn een belangrijke plaats in.

De Kopten waren het eerste volk dat op grote schaal het teken van het Kruis als symbool gebruikte, zoals zij ook de eerste waren die begonnen met het afbeelden van Maria met het

Kind op ikonen.

DEEL 5

Ondanks de verschillen die hier worden genoemd, onderhoudt de Koptische Kerk, die lid is van de Raad van Kerken, een actieve discussie met andere christelijke kerken, om de verschillen te verkleinen.

Wat zijn de belangrijkste verschillen tussen de Koptische Kerk en de Rooms-Katholieke Kerk?

1. De Rooms-Katholieke Kerk gelooft dat de Heilige Geest voortkomt uit de Vader en de Zoon. De Koptische Kerk gelooft dat de Heilige Geest volgens het evangelie alleen voortkomt uit de Vader.
2. De Rooms-Katholieke Kerk gelooft dat Jezus alleen als mens heeft geleden en niet als God. De Koptische Kerk daarentegen gelooft dat de menselijke natuur niet van zijn Goddelijke natuur kan worden gescheiden.
3. De Rooms-Katholieke Kerk gelooft in het vagevuur, waar de ziel van de mens wordt gelouterd. De Koptische Kerk gelooft niet in het bestaan van het vagevuur.
4. De Rooms-Katholieke Kerk gelooft dat de

92

extra verdiensten van de heiligen (Thesaurus Ecclesiae) bijdragen aan de verlichting van de zielen in het vagevuur. Deze zienswijze wordt door de Koptische Kerk afgewezen.

5. De Rooms-Katholieke Kerk gelooft dat Petrus als hoofd van de kerk, en zijn opvolger, de Paus onfeilbaar zijn als zij officieel spreken als leraar over het geloof en de zedenleer (ex cathedra). De Koptische Kerk gelooft dat alle discipelen van Jezus, dus óók Petrus, gelijk zijn. Jezus heeft juist gewaarschuwd tegen dit machtsdenken.

6. De Rooms-Katholieke Kerk gelooft dat het moederlichaam van Maria, gereinigd is van de erfzonde (de Onbevlekte Ontvangenis). Deze leer is tot dogma verklaard in 1854 door de Paus (alleen, zonder Concilie). De Koptische Kerk gelooft dat Maria, zoals alle mensen, in zonde geboren is, maar dat zij door de Heilige Geest gereinigd is toen de engel Gabriël verkondigde dat de Heilige Geest over haar zou komen.

7. De Koptische Kerk gelooft, in tegenstelling tot de Rooms-Katholieke Kerk, dat de boetedoening die door de priester wordt opgelegd, dient tot verbetering van de zondaar. Het wordt niet beschouwd als straf van God en maakt de zonde niet ongedaan, want Christus heeft reeds onze zonden weggenomen.

8. De Koptische Kerk kent alleen de doop door onderdompeling en niet door begieting - zoals de Rooms-Katholieke Kerk - of door besprenkeling, zoals bij de Protestantse Kerk.

9. In de Koptische Kerk vindt myron-zalving of vormsel plaats onmiddellijk na de doop. De dopeling ontvangt dan de Heilige Geest. In de Rooms-Katholieke Kerk ontvangt een kind dit sacrament op latere leeftijd. Doop en vormsel zijn daar gescheiden.

10. In de Koptische Kerk gaan alle gelovigen in twee gedaanten ter communie, zij ontvangen het lichaam én bloed van Christus in de vorm van brood en wijn. Dit berust op het Evangelie van Matteüs 26:27. Hij nam een beker, sprak de dankzegging uit en gaf hun die en zeide: ``Drink allen daaruit." In de Rooms-Katholieke Kerk ontvangen de gelovigen alléén de Heilige Hostie (het lichaam); alleen de priester communiceert in twee gedaanten. De hostie is bij de Rooms-Katholieke Kerk een soort ouwel; in de Koptische Kerk is het brood (Korbaan in het Arabisch). ``En terwijl zij aten, nam Jezus een brood, sprak de zegen uit, brak het en gaf het aan zijn discipelen en zeide: Neemt, eet, dit is Mijn lichaam" (Mattheüs 26:26).

11. De Koptische Kerk kent het celibaat (de

ongehuwde staat) van priesters niet. De priesters zijn gehuwd, tenzij het monniken zijn. De belangrijkste redenen daarvoor zijn, dat de priesters beter opgewassen zijn tegen de verleidingen van de wereld; om meer begrip te hebben voor sociale- en gezinsverhoudingen en ook om beter de biecht van gelovigen te kunnen begrijpen.

12. Het sacrament van de zalving der zieken wordt in de Koptische Kerk niet alleen aan stervenden gegeven, maar de gelovigen kunnen het ook ontvangen in geval van ernstige ziekte of operatie.

13. Het is in de Rooms-Katholieke Kerk toegestaan ongeboren kinderen te dopen. De Koptische Kerk kent dit gebruik niet. 15. In de Rooms-Katholieke Kerk heeft men beelden inplaats van ikonen, zoals in de Koptische Kerk.

14. Echtscheiding is in de Rooms-Katholieke Kerk niet mogelijk. In de Koptische Kerk wel in geval van overspel.

15. In de Rooms-Katholieke Kerk wordt het sacrament van het vormsel uitsluitend door de bisschop bereid. In de Koptische Kerk wordt de myron-zalving door de priester bereid.

16. De Rooms-Katholieke Kerk kent géén vasten meer, behalve op Goede Vrijdag. De Koptische Kerk kent meerdere vastenperioden, zie deel 3.

17. Tot 1882 bestond er in de Rooms-Katholieke Kerk een verbod om de Bijbel in de landstaal te lezen, alleen de ``vulgaat" (de Latijnse Bijbel) was toegestaan.

Wat zijn de belangrijkste verschillen tussen de Koptische Kerk en de Protestantse Kerk?

1. De Koptische Kerk vindt haar basis niet alleen in de Heilige Schrift, maar baseert zich ook op de traditie. Dat is de oorspronkelijk mondeling overgedragen leer van de apostelen en de Vaders, die later schriftelijk is vastgelegd. De traditie wordt gebruikt om de authenticiteit en uitleg van de Bijbel te verifiëren en voegt daaraan de kennis van de belangrijkste rituelen toe.
``Zo dan, broeders, staat vast en houdt u aan de overleveringen, die u door ons, hetzij mondeling, hetzij schriftelijk, geleerd zijn" (II Tessalonicenzen 2:15).
2. De Koptische Kerk belijdt dat geloof en werken beide van belang zijn voor de zaligheid van de gelovigen, in tegenstelling tot de Protestantse Kerk, die gelooft dat goede werken niet noodzakelijk zijn voor het bereiken van zaligheid.
``Wat baat het, mijn broeders, of iemand al beweert geloof te hebben, als hij geen werken

heeft? Kan dat geloof hem behouden?" (Jacobus 2:14).

Dan zal Hij hun antwoorden en zeggen: ``Voorwaar, Ik zeg u, in zoverre gij dit aan één van deze minsten niet gedaan hebt, hebt gij het ook aan Mij niet gedaan" (Matteüs 25:45).

3. De Koptische Kerk houdt, in tegenstelling tot de Protestantse en Rooms-Katholieke Kerk, vast aan de oorspronkelijke leer van Nicea, die zegt dat de Heilige Geest voortkomt uit God de Vader. De toevoeging van de Zoon is eenzijdig en in latere tijden ontstaan.

4. Evenals de Rooms-Katholieke Kerk, gelooft ook de Protestantse Kerk, dat Jezus twee van elkaar gescheiden naturen heeft; een menselijke en een Goddelijke. De Koptische Kerk gelooft dat deze twee naturen een ondeelbare eenheid vormen en niet van elkaar kunnen worden gescheiden.

5. De Koptische Kerk kent, evenals de Rooms-Katholieke, zeven sacramenten: de doop, het vormsel, de eucharistie, de priesterwijding, het huwelijk, de biecht en de zalving der zieken. De Protestantse Kerk kent slechts twee sacramenten: de doop en het avondmaal.

6. In de Protestantse Kerk is geen altaar, omdat zij gelooft dat het offer van Christus éénmalig is gebracht op de berg Golgotha. In de Koptische

Kerk gelooft men dat in het sacrament van de eucharistie het offer van Christus op een niet bloedige manier wordt herhaald.

7. In de Protestantse Kerk is het voorhang onbekend; terwijl in de Koptische Kerk door middel van de ikonenwand het altaar uit eerbied wordt afgeschermd van de gelovigen.

8. In de Koptische Kerk wordt wierook gebruikt. Dit gebruik is gebaseerd op Maleachi 1:11, waarin staat geschreven: ``Want van waar de zon opkomt tot waar zij ondergaat, is mijn naam groot onder de volken, allerwege wordt mijn naam reukwerk gebracht en een rein spijsoffer, want groot is mijn naam onder de volken, zegt de HERE der heerscharen''. Een ware profetie, zoals die van Maleachi, is volgens de Koptische Kerk slechts een profetie, als het iets vertelt over toekomstige gebeurtenissen en niet, zoals de Protestantse kerk gelooft, dat Maleachi daarmee slechts doelde op het Joodse volk, dat reeds wierook gebruikte in de dagen van Mozes.

9. De Koptische Kerk kent een uitgebreide vastentraditie, gedurende méér dan 250 dagen per jaar, zie deel 3. De Protestantse Kerk kent in het geheel geen vastenperiode.

De Bijbel kent veel voorbeelden van vasten: Mozes heeft twee keer 40 dagen en nachten gevast. Elia eveneens 40 dagen en nachten. Esther met haar volk 3 dagen en nachten. Daniël bleef drie weken zonder vlees of wijn en ook het volk van Ninivé vastte.

Ook van David is bekend dat hij dikwijls vastte; in een van zijn psalmen staat geschreven: ``Maar mij aangaande, toen zij ziek waren, was een rouwgewaad mijn kleed, ik verootmoedigde mij met vasten, en mijn gebed keerde in mijn boezem weder" (Psalm 35, vers 13).

``Jezus zeide tot hen: ``Kunnen soms bruiloftsgasten treuren zolang de bruidegom bij hen is? Er zullen echter dagen komen, dat de bruidegom van hen weggenomen is, en dan zullen zij vasten" (Matteüs 9:15).

``Maar dit geslacht vaart niet uit dan door bidden en vasten" (Matteüs 17:21).

10. De Koptische Kerk telt veel religieuze feestdagen, zie voor meer details deel 3. De Protestantse Kerk kent alleen de algemeen Christelijke feestdagen, zoals Kerstmis, Pasen, Pinksteren, Hemelvaartsdag en Goede Vrijdag.

De Koptische Kerk heeft de overtuiging, dat als volkeren politieke leiders, oorlogshelden, uitvinders, kunstenaars en schrijvers vereren door beelden van hen te plaatsen en nationale feestdagen uit te roepen, óók mensen die voor het geloof hebben gestreden verering verdienen.

11. De Koptische Kerk vereert daarom de heiligen, die in het gebed om steun en bijstand worden aangeroepen. In de Koptische Kerk wordt in de ``Sinksaar" dagelijks vóór de aanvang van de dienst gelezen uit de geschiedenis van de heiligen.

12. De Koptische Kerk vereert Maria en de heiligen door middel van de ikonen, die zich in de kerk bevinden, en relieken (overblijfselen) die soms onder het altaar worden bewaard. De ikonen herinneren ons aan het voorbeeld dat de heiligen ons hebben gegeven en het lijden dat zij voor ons hebben doorstaan.

13. De Koptische Kerk gelooft in de blijvende maagdelijkheid van Maria, zowel vóór als ná de geboorte van Christus, zie Ezechiël 44:1-3. De Protestantse Kerk gelooft dit niet, integendeel, zij gelooft dat Jezus niet het enige kind van Maria was.

14. Sedert het Derde Concilie van Efeze in 431 A.D. onder de leiding van Kyrolos de Grote, Paus van Alexandrië, wordt Maria aangeduid als ``Moeder Gods" (Theotokos - zij die God gebaard heeft). Dat betekent dat bij de geboorte van een mens de ziel, als uiting van het goddelijke, niet van de moeder afkomstig is, maar van God zelf. De Koptische Kerk gelooft, in tegenstelling tot de

Protestantse, dat omdat Maria Jezus ter wereld bracht, die mens en God tegelijkertijd was, de aanduiding ``Moeder Gods'' correct is.

15. In het kloosterleven van de Koptische Kerk is het celibaat een normaal verschijnsel en berust op een bewuste keus van monniken en nonnen, in navolging van vele personen uit het Oude Testament, zoals Elia en Elisa, en Johannes en Paulus uit het Nieuwe Testament.

16. In de Koptische Kerk bestaat de gewoonte te bidden voor de overledenen, omdat men gelooft dat het lichaam en de ziel worden verenigd, vóórdat het laatste oordeel plaatsvindt. Zolang dat laatste oordeel nog niet heeft plaatsgevonden kan het gebed dienen als voorspraak voor de overledene. ``Spreekt iemand een woord tegen de Zoon des mensen, het zal hem vergeven worden; maar spreekt iemand tegen de Heilige Geest, het zal hem niet vergeven worden, noch in deze eeuw, noch in de toekomende'' (Matteüs 12:32).

Dit betekent dat er twee soorten zonden zijn. De éne soort wordt niet vergeven, niet in dit leven en niet in het hiernamaals. De tweede soort kan vergeven worden tijdens het leven of na de dood, zolang het laatste oordeel nog niet heeft plaatsgehad.

17. De Koptische Kerk gelooft dat de verenigde

goddelijkheid en menselijke ziel van Jezus na zijn dood nederdaalde ter helle (hades), en daar de zielen van Adam en Eva en allen helle (hades), en daar de zielen van Adam en Eva en allen die door de erfzonde in de hel waren gevangen en hoopten op zijn komst, heeft verlost.

``Daarom heet het: Opgevaren naar den hoge, voerde Hij krijgsgevangenen mede, gaven gaf Hij aan de mensen. Wat betekent dit: Hij is opgevaren, anders dan dat Hij ook nedergedaald is naar de lagere, aardse gewesten? H ij die nedergedaald is, Hij is het ook, die is opgevaren ver boven alle hemelen, om alles tot volheid te brengen" (Efeziërs 4:8-10). ``Of: Wie zal in de afgrond nederdalen? namelijk om Christus uit de doden te doen opkomen (Rom. 10:7).

18. Het Oude Testament van de Koptisch-Orthodoxe Kerk en van de Rooms-Katholieke Kerk bevat meer boeken dan de Hebreeuwse canon, de zg. deutero-canonieke of apocriefe boeken. De apocriefe boeken, die door de Protestantse Kerk niet worden erkend, beschouwt de Koptische Kerk als onderdeel van het Oude Testament.

19. In de Koptische Kerk bestaat het priesterschap uit drie ambten: bisschoppen, priesters en diakenen; in de Protestantse Kerk

wordt de bisschop beschouwd als onderdeel van het priesterschap.

20. De Koptische Kerk kent de gewoonte van voetenwassing op Witte Donderdag, in navolging van Christus, die de voeten van zijn discipelen waste. Dit symboliseert de nederigheid en liefde voor elkaar. Christus heeft ons opgedragen dit voor elkaar te doen (Johannes 1:13-16).

www.ingramcontent.com/pod-product-compliance
Lightning Source LLC
LaVergne TN
LVHW091313080426
835510LV00007B/485